Kurzer Abriß der
Psychologie

Für den Unterricht an höheren Schulen, an Lehrer- und Lehrerinnen-Bildungsanstalten, sowie für das eigene Studium

von

Dr. Artur Buchenau

Berlin 1914
Druck und Verlag von Georg Reimer

Vorwort.

Dieser kurze „Abriß der Psychologie“ ist hervorgegangen aus den Vorlesungen und Übungen, die der Verfasser an den „Wissenschaftlichen Vorlesungen des Berliner Lehrer-Vereins“ seit vier Jahren gehalten hat. Hierbei galt es, die Hörer in die Grundgedanken der modernen Psychologie einzuführen, ohne daß viel vorausgesetzt werden durfte. Bei seiner Tätigkeit am Oberlyzeum (Königl. Augustaschule) und am Pestalozzi-Fröbelhaus I zu Berlin zeigte sich sodann dem Verfasser, daß ein wirklich brauchbarer knapper Leitfaden der Psychologie nicht vorhanden war, und so entschloß er sich, selbst einen zu schreiben. Die vorhandenen Schulbücher sind meist doch gar zu sehr hinter der wissenschaftlichen Arbeit der letzten Jahrzehnte zurückgeblieben, oder sie suchen Altes und Neues in unorganischer Weise miteinander zu verknüpfen. Andrerseits gehen so treffliche Bücher wie die „Einführung“ von W. Wundt und der „Abriß“ von Ebbinghaus weit über das hinaus, was der junge Lehrer, der Seminarist oder die „Oberlyzealistin“ braucht. —

Eine besondere Schwierigkeit galt es freilich bei der Abfassung dieses Büchleins zu überwinden, die damit zusammenhängt, daß, weit mehr noch als bei der modernen Naturwissenschaft, in der Psychologie unserer Tage alles im Fluß und steten Werden ist, daß sich die Theorien und Meinungen auch über die scheinbar „einfachsten“ Fragen schroff gegenüberstehen. Der „archimedische Punkt“ scheint noch nicht gefunden zu sein, und so ist denn meist e i n besonderes Interesse bei den Psychologen einseitig vorhanden, etwa entweder das an der logisch-erkenntnistheoretischen Grundlegung oder das an der Einzelforschung, an der Empirie in ihrer ganzen Mannigfaltigkeit und Reichhaltigkeit. Der Verfasser bekennt, bis vor vier Jahren in den Fehler der erstgenannten Einseitigkeit selbst verfallen zu sein, was sich daraus erklärt, daß für ihn als Kantianer die Psychologie jahrelang nicht im Mittelpunkt seiner Studien stand. Die Tätigkeit als Dozent und Lehrer der Psychologie und Pädagogik hat ihn dann immer tiefer in die weitverzweigte psychologische Literatur hineingeführt, und es hat sich ihm dabei gezeigt, welche große Bedeutung die empirische Psychologie für den Pädagogen in theoretischer wie praktischer Beziehung hat. So unternimmt denn dieser „Abriß" den Versuch, die beiden genannten Gesichtspunkte, den logisch-kritischen und den empirischen, miteinander zu vereinigen und bietet durch diese Synthese von Kant und Wundt, wie man es knapp formulieren könnte, wohl auch manchem etwas Neues. Ob sich dieses Neue freilich im Unterricht bewähren wird, — das kann erst die Zukunft lehren.

Nur auf Eins sei noch kurz hingewiesen. Es handelt sich hier um einen „kurzen Abriß", darin liegt aber, daß erstens nicht alle Probleme, nicht einmal alle Hauptprobleme der modernen Psychologie erörtert werden konnten und daß zweitens die Ausführungen der folgenden Paragraphen nur als Grundlage der Besprechung gedacht sind, also dem Lehrer noch ein gut Teil Mühe und eigenen Strebens übriglassen. In der Tat sollte nur der sich an diesen schwierigen Unterricht heranwagen, der in eigner Arbeit sich einen eignen Standpunkt gebildet hat, denn beim philosophischen, also auch psychologischen Unterricht kommt es keineswegs in erster Linie auf Stoffwissen, sondern auf systematisches Nachdenken über unser geistig-seelisches Leben an, auf eine Besinnung über Fragen, die in engster Beziehung zu dem stehen, was wir unsere „Weltanschauung" nennen. Als eine solche Anleitung zum Selbstnachdenken oder, um mit Pestalozzi zu reden: „Hülfe zur Selbsthülfe" ist dieses kleine Büchlein gedacht.

Berlin, im Mai 1914.

Dr. Artur Buchenau.

Inhalt.

§ 1. Vorbemerkungen.

Psychologie (vom griech. psychē = Seele und logos = Lehre) bedeutet zunächst „Seelenlehre" oder „Seelenkunde". Das Wort selbst ist von Christian Wolff dauernd in den philosophischen Sprachgebrauch eingeführt worden. Zur Beschäftigung mit der Psychologie liegen für den Lehrer vor allem zwei Gründe vor: A) ein theoretischer, B) ein praktischer.

A) Die Psychologie gehört als Glied dem System der Philosophie an, das aus Logik (formale und erkenntnistheoretische L.), Ethik (einschließlich der Staats- und Rechtsphilosophie), Ästhetik, Psychologie und Religionsphilosophie sich zusammensetzt. Alle wissenschaftliche Pädagogik aber hat zur notwendigen Grundlage die Philosophie als Ganzes, insofern also auch die Psychologie.

B) Alles Erziehen und Unterrichten vollzieht sich in menschlicher Gemeinschaft. Diese ist aber ihrem Wesen nach eine Gemeinschaft des Bewußtseins. Es gilt also, um richtig und zweckmäßig erziehen und unterrichten zu können, sich mit den Gesetzen des geistigen Lebens zu beschäftigen.

§ 2. Gegenstand der Psychologie.

Den Gegenstand der Psychologie bilden die Tatsachen des Bewußtseins. Nicht von dem Begriffe der „Seele" also, sondern von dem des „Bewußtseins" ist auszugehen, da „Seele" bereits zu viel voraussetzt. Daß es eine „Seele" gibt, ist nicht ohne weiteres, unmittelbar klar und einzusehen, „Bewußtsein" dagegen soll hier nichts besagen als die gänzlich unbestreitbare

Annahme, daß einem „Ich“ (bzw. einer Reihe solcher) geistige Inhalte gegeben sind. „Gegeben“ allerdings nicht als a, b, c . . ., das heißt als etwas Bestimmtes, Bekanntes, sondern als x, y, z . . ., das heißt als etwas Unbestimmtes, Unbekanntes. Aufgabe der Psychologie ist es, diese x, y, z . . . zur Bestimmung zu bringen oder, anders ausgedrückt, an die Stelle des chaotischen, eine bloße Mannigfaltigkeit von Erlebnissen darstellenden unmittelbaren Eindrucks (der „Erscheinung“) die Einheit des Begriffs zu setzen. Dieser Satz kann hier zu Beginn freilich nur als These, als Behauptung aufgestellt, nicht aber auch sogleich bewiesen werden. Nicht nur das wirkliche Bewußtsein ist so Gegenstand der Psychologie, sondern auch dasjenige, was nur als Faktor des wirklichen Bewußtseins erwiesen werden kann, wenn es auch für sich niemals vorkommt. Gegenstand dieser Wissenschaft ist also das gesamte Gebiet des Psychischen, dem man das „Physische“ entgegenzusetzen pflegt.

§ 3. Psychologie und Naturwissenschaft.

Das „Physische“ (vom griech. physis = Natur) ist der Gegenstand der Naturwissenschaft oder, besser gesagt, der Naturwissenschaften. Wie verhalten sich nun Psychologie und Naturwissenschaft?

Beide Wissenschaften sind empirische, das heißt Erfahrungswissenschaften. Man pflegt aber zu unterscheiden äußere und innere Erfahrung.

Danach hätte die Psychologie zum Gegenstande die innere Erfahrung, die Naturwissenschaft die äußere Erfahrung. Diese Unterscheidung ist indes unhaltbar wegen der Unklarheit des Begriffspaares: „außen, innen“; die Erfahrung ist vielmehr in sich einheitlich. Man könnte nun sagen, daß es die Psychologie zu tun hat mit den zeitlich geordneten Vorstellungen, die Naturwissenschaft dagegen mit dem im Raume Gegebenen. Besser als die obige Unterscheidung ist die der „mittelbaren“ und „unmittelbaren" Erfahrung. So ist die Empfindung rot z. B. mir unmittelbar gegeben und geht insofern die Psychologie an, was aber dieser Empfindung in der Natur entspricht, steht unmittelbar nicht fest, sondern muß erst erschlossen werden. (Aufgabe der Naturwissenschaft.)

Die Psychologie hat es also zu tun mit dem gesamten Inhalt der Erfahrung in seiner unmittelbaren Beschaffenheit.

§ 4. Richtungen innerhalb der Psychologie.

Der empirischen Psychologie, von der hier vornehmlich die Rede ist, kann man gegenüberstellen die metaphysische Psychologie, das heißt diejenige, welche irgendeine über die Grenzen der Erfahrung hinausliegende Behauptung enthält [1]).

Die metaphysische Psychologie ist entweder Spiritualismus oder Materialismus, das heißt sie nimmt an, daß das wahre Seiende entweder das Geistige (spiritus = Geist) oder das Körperliche (materia = Materie), das den Raum Erfüllende ist. Eine dritte Möglichkeit ist die monistische Auffassung, nach der Körperliches und Geistiges ein und dasselbe sind (Spinoza). Alle diese metaphysischen Auffassungen leiden an Widersprüchen und Schwierigkeiten, so daß es am richtigsten ist, zunächst auf sie zu verzichten und sich auf die bloßen Tatsachen der Erfahrung und ihre Beschreibung, beziehungsweise Erklärung zu beschränken.

Die empirische Psychologie bemüht sich, die psychischen Vorgänge entweder auf die Begriffe zurückzuführen, die dem Zusammenhang dieser Vorgänge direkt entnommen sind, oder einfache psychische Vorgänge zu benutzen, um aus ihnen die verwickelteren abzuleiten. Es sind so verschiedene Richtungen zu unterscheiden: 1. Die Psychologie des inneren Sinnes. Sie faßt die psychischen Vorgänge als Inhalte eines besonderen Erfah-

[1]) Der Ausdruck Metaphysik stammt von den Schülern des Aristoteles. Aristoteles selbst sprach statt von Metaphysik von der ersten Philosophie (prima philosophia).

rungsgebietes, das der äußeren Erfahrung koordiniert, aber von ihr verschieden ist. 2. Die Psychologie der unmittelbaren Erfahrung. Sie bestreitet die reale Verschiedenheit äußerer und innerer Erfahrung und legt den Unterschied in die Verschiedenheit der Gesichtspunkte, von denen aus die in sich einheitliche Erfahrung betrachtet wird.

Nach 2. gibt es keine prinzipielle Verschiedenheit der psychischen und naturwissenschaftlichen Methoden. So hat sie vor allem experimentelle Methoden ausgebildet und versucht eine exakte Analyse der psychischen Vorgänge.

Nach dieser Auffassung gehören auch Sprache, Mythus, Sitte und Religion in die Psychologie, da sie zu betrachten sind als die Grundlagen der verwickelteren psychischen Vorgänge. (Individualpsychologie und Völkerpsychologie.)

Mit Rücksicht auf die der Untersuchung der psychischen Vorgänge zugrunde gelegten Tatsachen oder Begriffe kann man zwei Richtungen der empirischen Psychologie unterscheiden: die deskriptive und die explikative. Die Beschreibung führt zur Klassifikation. Man hat Gattungsbegriffe gebildet, unter die man verschiedene Vorgänge ordnet. Solche Begriffe sind Empfindung, Erkenntnis, Aufmerksamkeit, Gedächtnis, Wille usw. Diese Klassifikation ist zwar notwendig, trägt aber zum eigentlichen Verständnis der psychischen Vorgänge nichts bei. Übertreibt man die Beschreibung und Unterscheidung, so gelangt man zu der sogenannten Vermögenspsychologie (18. Jahrhundert), das heißt zu derjenigen Auffassung, wonach jede Äußerung der Seele als Wirkung eines besonderen Vermögens erscheint. Es ist das Verdienst Herbarts, die Unhaltbarkeit dieser Auffassung nachgewiesen zu haben.

Bei der explikativen Psychologie sind wiederum zwei Richtungen vorhanden: a) die intellektualistische, b) die voluntaristische Psychologie.

Die intellektualistische scheidet sich wieder in die logische und in die Assoziations-Theorie. Die erstere betrachtet die logischen

Urteils- und Schluß-Prozesse als die typischen Grundformen alles psychischen Geschehens, die zweite geht aus von den Erinnerungsbildern, den sogenannten „Assoziationen" der Vorstellungen. Beide sind einseitig, die logische auf die höheren, die Assoziation auf die niederen Vorstellungsvorgänge gerichtet. Der Intellektualismus geht wohl auch noch einen Schritt weiter und verdinglicht die Vorstellungen. Dann faßt er sie als die Bilder der äußeren Objekte auf.

Die moderne Psychologie ist seit Kant, Fichte, Schopenhauer und W. Wundt vorwiegend voluntaristisch. Nach Wundt bilden den Inhalt der psychischen Erfahrungen nicht Gegenstände, sondern bestimmte Zusammenhänge von Vorgängen im Bewußtsein.

§ 5. Die psychischen Elemente.

Die psychischen Elemente sind die Erzeugnisse einer Analyse und Abstraktion, die in wechselnder Weise miteinander verbunden sind. Es sind zu unterscheiden drei Arten von Elementen:

1. die Empfindung,
2. das Gefühl,
3. das Streben[1]).

Diese drei Elemente sind im seelischen Erlebnis stets miteinander verknüpft, lassen sich also nur in der Abstraktion voneinander scheiden. Das unmittelbare sinnliche Erlebnis als solches ist also einheitlich, es hat nur folgende drei Seiten: 1. mir ist etwas gegeben, ein Bewußtseinsinhalt; 2. dabei ist dem Bewußtsein eigentümlich eine bestimmte Bewegung oder Richtung, Tendenz (Streben), 3. ich erlebe jeden Inhalt in einer bestimmten, Lust oder Unlust erfüllten, Weise (Gefühl).

Besonders die beiden letzteren Momente sind aufs engste miteinander verknüpft, denn sowohl Gefühl wie Streben be-

[1]) Manche Psychologen, so W. Wundt, begnügen sich mit Empfindung und Gefühl und suchen das Streben aus einem bestimmten Verhältnis von Empfindung und Gefühl abzuleiten.

deuten ein interessiertes Verhalten, eine Parteinahme für und wider. Man kann sie daher auch zusammenfassen in dem Begriff des Strebungsgefühls. Gänzlich falsch wäre es, zwischen den drei Elementen des psychischen Erlebnisses irgendetwas wie ein ursächliches Verhältnis anzunehmen.

Man pflegt bei den psychischen Elementen zu unterscheiden Qualität und Intensität. Die Benennung erfolgt nach der Qualität, so sagt man: Ich höre den Ton c, dessen Intensitätsgrade dann bezeichnet werden als „piano", „forte" usw. Die Empfindungselemente bieten reine Qualitätsunterschiede dar, die immer zugleich Unterschiede gleicher Richtung sind und die dann zu Maximalunterschieden werden. Jedes Gefühlselement dagegen verändert sich, wenn es in seiner Qualität stetig abgestuft wird, derartig, daß es allmählich in ein Gefühl von entgegengesetzter Qualität übergeht. Es werden also die Empfindungsqualitäten durch größte Unterschiede, die Gefühlsqualitäten durch größte Gegensätze begrenzt. Dazwischen liegt eine mittlere Zone, wo das Gefühl überhaupt unmerklich wird, die sogenannte Indifferenzzone.

§ 6. Die reinen Empfindungen.

Bei den reinen Empfindungen ist zu abstrahieren: a) von den Vorstellungen, in denen sie vorkommen, b) von den sie begleitenden Gefühlen und Strebungen.

Entstehung der Empfindungen: Die Bedingung für das Zustandekommen der Empfindung ist der Reiz, der entweder ein physikalischer oder ein physiologischer ist. Der letztere kann entweder peripher oder zentral sein, das heißt außer dem Gehirn oder im Gehirn erfolgen. Oft wirken diese verschiedenen Reize zusammen, so bei dem äußeren Lichteindruck, wo erstens ein physikalischer Vorgang vorhanden ist (Außenwelt); zweitens ein physiologischer peripherer im Auge und in den Sehnerven; drittens ein physiologischer zentraler im Mittelgehirn und in der hinteren Region der Großhirnrinde. Der zentrale Reiz ist stets vorhanden, was auch so ausgedrückt werden kann, daß die unmittelbare Bedingung eines Bewußtseinszustandes immer ein Geschehen irgendwelcher Art in den Gehirnhemisphären ist. Es ist unmöglich, aus der Beschaffenheit der physikalischen und physiologischen Reize die Beschaffenheit der Empfindungen abzuleiten; denn die physikalisch-physiologischen Vorgänge einerseits, die psychischen Vorgänge (Empfindung) andererseits stehen nicht in dem Verhältnis von Ursache und Wirkung (s. oben S. 12), sondern nur in demjenigen einer bestimmten gesetzmäßigen Entsprechung. (Man spricht — was nur bedingt richtig ist — von einem psycho-physischen Parallelismus.)

Man darf also nur sagen, daß bestimmte physische Vorgänge die Bedingung enthalten zu bestimmten psychischen Vorgängen. Faßt man die physischen Vorgänge als Ursache, so verfällt man dem dogmatischen Materialismus, andererseits würde die Vernachlässigung der physischen Prozesse zum dogmatischen Spiritualismus führen. (Siehe oben § 5.)

Man könnte diesen Gedanken mit Kant auch so ausdrücken, daß die Empfindung der Index des Wirklichen ist, oder daß die Wahrnehmung das Wirkliche „beweiset", das heißt auf das Wirkliche hinweist.

§ 7. Das Nervensystem.

So ergibt sich uns als physiologische Unterlage des Bewußtseinslebens das Nervensystem. Es besteht aus einem System zusammengeordneter zentripetaler und zentrifugaler Leitungen, welche die an der Peripherie des tierischen Körpers gelegenen sensorischen und motorischen Organe mit den Zentralorganen im Gehirn und Rückenmark, sowie diese unter sich verbinden. Sie übermitteln teils sensorische Erregungen der peripherischen Organe nach den sensorischen Zentren, teils übertragen sie Bewegungsimpulse von motorischen Zentren nach der Peripherie auf die Organe der Muskelbewegung, teils setzen sie die sensorischen und motorischen Zentren unter sich in Bewegung. Die Elementarprozesse sind dabei Empfindungen und Muskelbewegungen; die letzteren zerfallen wieder in Reflexbewegungen und automatische Bewegungen.

Die Reflexbewegungen stellen eine einfache direkte Umsetzung bestimmter sensorischer Reize in bestimmte motorische Wirkungen dar, die automatischen Bewegungen dagegen sind solche motorische Reaktionen, die nicht unabänderlich mit derselben Bewegung auf denselben Reiz antworten, sondern durch neue hinzutretende Reize verändert werden können. Beide Arten von Bewegungen erfolgen unabhängig vom Bewußtsein.

Um die verwickelteren Leistungen verständlich zu machen, stellt die Physiologie (nach Wundt) folgende Grundannahmen auf:

1. Prinzip der Verbindung der Elemente.

Jedes Nervenelement ist mit anderen Nervenelementen in der Art notwendig verbunden, daß es allein kraft dieser Verbindung zu einer bestimmten Leistung befähigt ist.

2. Prinzip der ursprünglichen Indifferenz der Funktion.

Kein Element vollbringt ursprünglich spezifische Leistungen, sondern die Art seines Funktionierens hängt ab von seiner jeweiligen Verbindung mit dem ganzen System.

3. Prinzip der Übung und Anpassung (s. auch unten S. 41).

Jedes Element wird um so geeigneter zur Verrichtung einer bestimmten Leistung, je häufiger es durch äußere Bedingungen zu dieser Leistung veranlaßt wird, und es kann durch geänderte Bedingungen auch zu neuen Leistungen befähigt werden.

4. Prinzip der Stellvertretung.

Für Elemente, deren Funktion gehemmt oder aufgehoben ist, können andere die Stellvertretung übernehmen, sofern sie sich in den dazu geeigneten Verbindungen befinden.

5. Prinzip der relativen Lokalisation der Funktionen.

Jede bestimmte physiologische Funktion der Leitungsbahnen wie der Zentralteile hat bei gegebener Verfassung des Systems ihren bestimmten Ort, sofern nur bestimmte Elemente des Systems sich in den zur Ausübung dieser Funktion geeigneten Verbindungen befinden.

§ 8. Die Empfindungen des allgemeinen Sinnes.

Die Empfindungen des allgemeinen Sinnes kommen allen beseelten Wesen zu. Der allgemeine Sinn umfaßt: a) die äußere Haut, b) innere Organe, wie Gelenke, Muskeln, Sehnen, Knochen usw., wo sich sensible Nerven ausbreiten. Es sind vier voneinander scharf geschiedene Empfindungssysteme hier vorhanden: nämlich Druck-, Kälte-, Wärme- und Schmerz-Empfindungen.

Statt Druckempfindung redet man auch von (äußeren und inneren) Tastempfindungen; diesen stehen dann gegenüber die Kälte-, Wärme- und Schmerz-Empfindungen als Gemein-Empfindungen. Alle Punkte der äußeren Haut sind gleichzeitig empfindlich für Druck, Wärme, Kälte und Schmerzreize, doch ist der Grad der Empfindlichkeit an den verschiedenen Stellen ungleich groß (Druck-, Wärme- und Kältepunkte). Wärme und Kälte fassen wir nicht bloß als verschiedene, sondern als kontrastierende Empfindungen auf.

§ 9. Die Schallempfindungen.

Man unterscheidet zwei Systeme von Schallempfindungen: a) Geräusche, b) Tonempfindungen, die meist miteinander verbunden sind. Das System der Tonempfindungen bildet eine stetige Mannigfaltigkeit von einer Dimension, die Qualität nennt man hier Tonhöhe. In Wirklichkeit kommen keine reinen Tonempfindungen vor, doch können die begleitenden Töne und Geräusche wechseln, so daß die Bezeichnung auf die einfachen Töne geht. Daher sagt man nur: der Ton c (trotz der ihn begleitenden Obertöne und Geräusche).

Das System der Tonempfindungen bildet eine stetige Mannigfaltigkeit (Tonlinie); in der Musik greifen wir aber nur eine bestimmte Anzahl von Tönen heraus (Tonskala). Der menschliche Gehörsapparat läßt Töne von 12—16 einerseits, 40—50 Tausend Doppelschwingungen in der Sekunde andererseits zu.

§ 10. Die Geruchs- und Geschmacksempfindungen.

Die Geruchsempfindungen bilden ein mannigfaltiges System, über dessen genauere Ordnung wir bisher noch wenig wissen. Man pflegt ätherische, aromatische, balsamische, moschusartige und brenzliche Gerüche zu unterscheiden.

Bei den Geschmacksempfindungen unterscheidet man vier miteinander unvergleichbare Hauptqualitäten: sauer, süß, bitter und salzig, von denen die beiden ersten als in einer Art Gegensatzverhältnis stehend angenommen werden. Zusammen ergeben diese Qualitäten eine neutrale Empfindung („fade").

§ 11. Die Lichtempfindungen.

Die Lichtempfindungen zerfallen in zwei Systeme: 1. die farblosen Empfindungen, 2. die Farbenempfindungen. Die farblosen Empfindungen bilden ein System, dessen Endpunkte Schwarz und Weiß sind; dazwischen liegt Grau mit seinen Schattierungen. Bei diesem System fällt Qualität und Intensität zusammen. Die Farbenempfindungen bilden ein in sich geschlossenes System (Farbenkreis). Das Sonnenspektrum enthält alle (durch Brechung entstandenen) Farben bis auf Purpurrot. Jeder Farbe entspricht eine andere, die das Maximum des Empfindungsunterschieds darstellt (Gegenfarbe). Solche Gegenfarben sind Gelb und Blau, Hellgrün und Violett usw. Von den Farben sind nun Übergänge zu Weiß, Grau und Schwarz möglich; anders ausgedrückt, jede Farbe enthält einen bestimmten Helligkeitsgrad; je nach der Beimischung von Weiß oder Schwarz redet man dann von der Sättigung der Farbe.

Zur Orientierung pflegt man mehrere Hauptempfindungen festzusetzen, solche sind Weiß und Schwarz (im System der farblosen Empfindungen), Rot, Gelb, Grün und Blau im System der Farbenempfindungen. Diese Hauptfarben sind zuerst von Leonardo da Vinci unterschieden worden.

Wenngleich nun die anderen Empfindungen durch zusammengesetzte Wörter bezeichnet werden, z. B. gelbgrün, purpurrot, so darf man sich nicht darüber durch die Sprache täuschen lassen, daß auch hier stets nur *einfache* Empfindungen vorliegen.

§ 12. Gefühl und Streben.

Die einfachen Gefühle und Strebungen sind noch ungleich mannigfaltiger als die einfachen Empfindungen, doch läßt sich über diese Mannigfaltigkeit selbst nur wenig Bestimmtes aussagen, was auch ohne weiteres verständlich ist, da alles Bestimmte viel mehr auf der Seite der Empfindung liegt, während das Strebungsgefühl oder die einfachen Gefühle und Strebungen nur die Tatsache ausdrücken, *daß* mit jedem Bewußtseinsinhalt erstens eine ganz bestimmte Art und Weise des Erlebens dieses Inhaltes gegeben ist, und daß zweitens kein Inhalt des Bewußtseins jemals sich in völliger „Ruhe" befindet, sondern einerseits sich auf einen vorausgegangenen, andererseits auf einen folgenden Zustand des Bewußtseins bezieht.

Bewußtsein bedeutet also nicht nur das Haben eines Inhaltes, sondern stets auch Nachklingen früherer Inhalte und Vorausnehmen (Antizipation) zukünftiger Inhalte. In diesem Sinne ist also jedes *Bewußtsein* vielmehr zu fassen als Bewußtwerden, das heißt: das Bewußtsein ist ein bloßer Vorgang, ein ewiges Fließen, Entstehen und Vergehen, niemals aber etwas Derartiges wie ein starres Dasein. Aus diesem Grunde ist eben oben das Streben oder die Tendenz (entgegen Wundt) als Element des Bewußtseins behauptet worden.

Man pflegt das mit einer einfachen Empfindung verbundene Gefühl zu bezeichnen als sinnliches Gefühl oder als den Gefühlston der Empfindung. Alle Gefühle sind, wie nach dem oben Gesagten ohne weiteres verständlich, gebunden an die Empfindungen.

Bei mäßigen Druck-, Kälte-, Wärme- usw. Empfindungen tritt bei den Gefühlen die Indifferenzzone auf, oder, genauer gesagt, nähern sich die Gefühle dem Indifferenzpunkte, denn tatsächlich wird von uns eine völlige Indifferenz niemals erlebt. Bei den extremen Empfindungen treten Unlustgefühle ein, während die Lustgefühle im allgemeinen den Empfindungen von mäßiger Stärke entsprechen.

Die Hauptrichtungen der Gefühlsunterschiede sind Lust und Unlust. Manche Psychologen, so z. B. Wundt, unterscheiden daneben noch erregende und beruhigende, spannende und lösende Gefühle; in den beiden letzten Gruppen liegen indessen schon Vorstellungselemente, so daß es nicht richtig sein dürfte, sie zu den einfachen Gefühlen zu rechnen.

Mit den Gefühlen verbunden sind bestimmte physiologische Vorgänge, sie bestehen z. B. in einer Verlangsamung und Verstärkung des Pulses bei Lustgefühlen, in einer Beschleunigung und Schwächung des Pulses bei Unlustgefühlen.

§ 13. Die psychologische Grundlage der Ethik.

Was die Hauptphänomene des Gefühls und Strebens betrifft, so ist zunächst daran festzuhalten, daß bei allem sogenannten „emotionalen" Verhalten des Bewußtseins das Streben zugrunde liegt. Alles Streben ist zugleich positiv und negativ, nur daß wir, je nachdem die Hemmung uns mehr zum Bewußtsein kommt oder unsere sich behauptende Gegenhemmung, von Widerstreben oder von einem dem Ziel entgegendringenden Streben sprechen. Der Hemmung entspricht dabei das Unlustgefühl, dem ungehemmt sich auswirkenden Streben das Lustgefühl. Mit Recht hebt nun schon Plato hervor, daß niemals ein reines Lust- bzw. ein reines Unlustgefühl vorhanden ist, daß vielmehr beide meist in einer bestimmten Mischung vorkommen. Von Unlust pflegen wir nur dann zu reden, wenn uns die Hemmung vorwiegend, von Lust, wenn uns das ungeminderte Streben, der Erfolg vorwiegend bewußt ist. Dabei kommt es übrigens nicht bloß auf den absoluten Grad des Gefühls an, sondern auf den Zusammenhang dieses Gefühls g^1 mit anderen Gefühlen g^2 bzw. g^3, so daß also etwa das Gefühl g^1 im Zusammenhange des Erlebens g^2 g^1 g^3 uns als Lust erscheinen, im Zusammenhange des Erlebens g^4 g^1 g^5 dagegen uns als Unlust erscheinen würde. Auch über diese Tatsache der Relativität von Lust und Unlust war sich Plato völlig im klaren. Da nun in der Befriedigung das Streben erlischt, so kann das Ziel des Strebens nicht in der Befriedigung, d. h. in der Lust liegen, denn dann wäre sein Ziel ja die Selbstvernichtung seiner selbst. Nicht die Lust also, sondern das Streben selber, und zwar als unendliches, ist das Ziel des Strebens. Streben bedeutet hier soviel wie eine bestimmte Richtung des Bewußtseins, jede Richtung aber, so z. B. die der Linie A P, geht, da ja dieser Punkt P im Unendlichen liegt, schon dem bloßen Begriff der Richtung nach ins Unendliche.

In diesem Sinne ist das Streben die Grundlage der menschlichen Freiheit. Freiheit bedeutet in diesem Sinne nicht einen Zustand, der jemals erfüllt würde, sondern sie bedeutet ein Ziel, dem, so wie dem im Unendlichen liegenden Punkte der Linie, zuzustreben ist, ohne daß freilich es aber jemals erreicht wird. Dem im Unendlichen liegenden Punkte entspricht bei dieser Vergleichung die Idee des Guten, „auf die hinschauend", um mit Plato zu sprechen, alles Handeln und Arbeiten des Menschen gerichtet *sein soll*, mit dem klaren Bewußtsein freilich, daß er, der endliche Mensch, dieses Ziel niemals wird erreichen können. Dennoch aber wird er seine Befriedigung darin finden, eine Reihe von Schritten diesem Ziele entgegenzutun, und eine menschliche Handlung ist nur insofern gut, als sie in der Richtung auf dieses Ziel hin erfolgt, während „böse" dasjenige Handeln ist, das von dem geraden Wege auf das im Unendlichen liegende Ziel der Idee hinwegführt.

So bildet der richtig verstandene Begriff des Strebens die psychologische Grundlage für die Ethik, und es sei hier nur noch das Eine hinzugefügt, daß nach dieser Kantisch-Platonischen Auffassung der übliche Gegensatz von *Determinismus* und *Indeterminismus* hinfällig wird. Beide Auffassungen haben recht und haben unrecht.

Das Richtige des Determinismus ist es, darauf zu dringen, daß *alle* menschlichen Handlungen als streng gesetzmäßig nach der allein hier möglichen Methode, nämlich der kausalen, erklärt werden. Das Richtige am Indeterminismus ist es, daß er darauf hinweist, daß diese Erklärung in hinreichender Weise niemals möglich sein wird, da eine jede einzelne Handlung das Produkt einer unendlichen Anzahl von Faktoren ist, so daß also es grundsätzlich als ausgeschlossen gelten muß, irgendeine jemals exakt zu berechnen. Der Fehler beider Auffassungen liegt darin, daß sie von einem Seienden reden, nämlich von den menschlichen Handlungen als einem Geschehenden, während es sich ja hier nicht sowohl darum handelt, was *ist*, beziehungsweise *geschieht*, sondern was *geschehen soll*[1]).

§ 14. Arten der Gefühle.

Eine Einteilung der Gefühle begegnet großen Schwierigkeiten, und es gehen gerade auf diesem Gebiete die Meinungen der Forscher sehr weit auseinander.

[1]) Für das Genauere sei hingewiesen auf mein Buch: Kants Lehre vom kategorischen Imperativ. Leipzig. Felix Meiner. 1913.

Eine ganz vortreffliche kurze Übersicht gibt Elsenhans in seinem Lehrbuch der Psychologie S. 241, der folgendermaßen gruppiert:

I. Zurückführung der Gefühle auf andere körperliche oder seelische Vorgänge.

1. Mit physiologischer Erklärung:

a) aus Muskelspannungsempfindungen, aus der der Lust und Unlust, dem Streben und Gegenstreben entsprechenden Beuge- und Streckmuskeltätigkeit (Münsterberg);

b) aus den körperlichen Ausdrucksbewegungen der Gefühle überhaupt (James) oder aus der Verengerung und Erweiterung der Blutgefäße, den „vasomotorischen Veränderungen" im besonderen (C. Lange);

c) aus besonderen Nervenelementen (v. Frey) oder besonderen gefühlserzeugenden Nervenprozessen (M. Meyer);

d) aus physiologischen Eigentümlichkeiten der Gehirnsubstanz (Sollier).

2. Mit psychologischer Erklärung:

a) als Eigenschaften, als „Gefühlstöne" der Empfindungen (Ziehen);

b) als einer besonderen Klasse der Empfindungen (wenigstens mit Beziehung auf die „sinnlichen Gefühle") als „Gefühlsempfindungen" (Stumpf);

c) als dunkler Vorstellungen (Leibniz);

d) aus der Wechselwirkung der Vorstellungen, aus einer Vorstellungsmechanik (intellektualistisch, Herbart und seine Schule);

e) aus Willensvorgängen, insbesondere aus den „Trieben" (voluntaristisch, Fortlage);

f) als Eigenschaften oder „Färbungen" des Gesamtbewußtseinsinhaltes, als „Gestaltqualitäten" (Cornelius) oder „Komplexqualitäten" (Krüger).

II. Lehre von der Selbständigkeit der Gefühle.

1. Als nicht weiter erklärbarer Elementarvorgänge (Alfred Lehmann, Külpe);

2. als Bestimmtheiten des Selbstbewußtseins, „Bestimmtheiten des unmittelbar erlebten Ich“ (Lipps) als „Reaktionen der zentralen Bewußtseinsfunktion, der Apperzeption auf die einzelnen Bewußtseinserlebnisse“ (Wundt);

3. als Zeichen der Förderung oder der Hemmung unseres Organismus oder des körperlich-seelischen Lebens überhaupt (teleologische Theorie: Lotze, Ribot, Höffding, Jodl, Ebbinghaus).

Auf alle diese verschiedenen Ansichten kann hier natürlich nicht eingegangen werden, das Gemeinsame bei allen Arten des Gefühls ist jedenfalls, wie Ostermann mit Recht bemerkt, daß die Gefühle die Organe der Wertschätzung, die Quelle jeglichen Interesses sind [1]).

Nach der Qualität sind zu unterscheiden Lust- und Unlustgefühle, nach den veranlassenden Ursachen sinnliche und geistige Gefühle, wobei allerdings zu bemerken ist, daß dieser Unterschied sich nicht streng festhalten läßt. Nach dem Umfang spricht man ferner von einfachen und zusammengesetzten Gefühlen. Die geistigen Gefühle ihrerseits sind entweder a) intellektuelle Gefühle oder b) ästhetische Gefühle oder c) soziale Gefühle, dazu kommen ferner d) die sittlichen und e) die religiösen Gefühle (über das Verhältnis der Gefühle und der Affekte siehe S. 29, Zeile 20).

Das tatsächliche Handeln des Menschen ist, wie nach dem Obigen ohne weiteres verständlich, aufs stärkste mitbestimmt durch den Gefühlszustand seines Bewußtseins, so daß es auch für die Pädagogik von größter Bedeutung ist, neben Verstand und Wille das Gemütsleben des Zöglings zu beobachten und zu pflegen. Freilich werden gerade durch das Hinzutreten der Gefühle große Verwicklungen des seelischen Zustandes hervorgebracht, so daß hier eine der größten Schwierigkeiten sowohl in psychologischer wie in pädagogischer Hinsicht liegt.

Man kann nun, abgesehen von den einzelnen Gefühlen und Gefühlsarten, von einer Gesamtgefühlslage sprechen. Diese

[1]) Siehe Ostermann: Das Interesse, eine psychologische Untersuchung mit pädagogischer Nutzanwendung. 3. Auflage 1912.

bezeichnet man, sofern ihre Färbung durch eine oder mehrere auf sie ausstrahlende Teilgefühle bedingt ist, als Stimmung. Eine jede Stimmung entspringt einer besonderen Kombination körperlicher Bedingungen, und man pflegt diese körperliche Komponente der Stimmung als Gemeingefühl oder auch als Lebensgefühl zu bezeichnen.

Im Gemeingefühl spiegelt sich also das augenblickliche Wohl- oder Übelbefinden des körperlichen Organismus, in ihm spricht sich aus, wie uns in einer bestimmten Zeit zumute ist, wie wir uns befinden, oder wie man das sonst ausdrücken mag.

§ 15. Die Vorstellungen.

Von den Elementarinhalten des Bewußtseins (Empfindung, Streben und Gefühl) sind zu unterscheiden die Vorstellungen als die unmittelbaren Verbindungen von Elementarinhalten. Die Vorstellung ist also einerseits mehr als bloße Empfindung (nämlich als Verbindung), andererseits ist sie weniger als der Begriff, denn dieser stellt eine nur mittelbare Verbindung dar und setzt also die unmittelbare Verbindung, das heißt die Vorstellung, voraus. Denke ich mir z. B. drei Punkte, die nicht in einer Geraden liegen, ABC, so würde ich von ihnen sagen können, wenn sie sich von ihrer Umgebung völlig isolieren ließen: „Ich nehme den Punkt A oder B oder C wahr". Hierbei unterscheidet sich Wahrnehmung von Empfindung nur dadurch, daß ich mein psychisches Erlebnis (Lichtempfindung) nach außen projiziere, denke ich mir aber die Punkte A und B, B und C, C und A miteinander durch Gerade verbunden, so habe ich die Vorstellung des Dreiecks ABC. Dieses Dreieck ist aber stets ein einzelnes, besonderes Dreieck, also etwa spitzwinklig oder rechtwinklig oder stumpfwinklig. Im Begriffe des Dreiecks dagegen liegt nur der Gedanke einer Verbindung überhaupt von drei nicht in einer Geraden befindlichen Punkten. Wir könnten diesen Gedanken auch so ausdrücken, daß ich mir zwar ein Dreieck vorstellen kann, daß ich dagegen das Dreieck denken, beziehungsweise begreifen muß. Vorstellung bedeutet also das vor uns Stehen eines bestimmten Bewußtseinsinhaltes (Präsentation), während der Begriff im Gegensatz dazu Repräsentation ist.

Unser tatsächliches seelisches Erlebnis gründet sich also stets auf die Vorstellungen, denn diese allein sind wirklich gegeben, während in concreto weder die Elementarinhalte des Bewußtseins (Empfindungen usw.), noch die höheren Inhalte des Bewußtseins (Begriffe, Ideen usw.) jemals „gegeben" sind. Zu ihnen gelange ich vielmehr immer erst auf Grund eines später noch genauer zu charakterisierenden Verfahrens (Analyse und Synthese). Indes, wenngleich die Vorstellungen den Ausgangspunkt aller psychologischen Betrachtung bilden, als das Gegebene, so ist doch daran festzuhalten, daß „gegeben" hier nicht bedeutet, als a (das heißt bekannte Größe), sondern als x (d. h. als unbekannte Größe) gegeben. Wären die Vorstellungen wirklich ohne weiteres bekannte Größen, das heißt, wüßten wir unmittelbar damit, daß wir Bewußtsein haben, auch bereits, was das Bewußtsein ist, — dann bedürfte es ja keiner Wissenschaft der Psychologie mehr.

Die Bewußtseinsinhalte sind aber durchaus keine „Tatsachen" in der üblichen Bedeutung dieses Wortes. Diesen Gedanken können wir auch so formulieren, daß eine Mannigfaltigkeit gegeben ist, die einerseits zu beziehen ist auf die Einheit eines Naturvorganges (Aufgabe der Naturwissenschaft), andererseits auf die Einheit eines seelischen Erlebnisses (Aufgabe der Psychologie).

Das Bewußtsein-habende Ich auf der einen Seite, die Natur auf der anderen Seite — sie beide sind Voraussetzungen oder, anders ausgedrückt: Begriffe, die in der Vorstellung als solcher noch nicht liegen, sondern erst zu dieser hinzugedacht werden müssen. Über diesen Sachverhalt lassen wir uns dadurch leicht hinwegtäuschen, weil kein tatsächliches psychisches Erlebnis von uns Erwachsenen ohne dieses doppelte Hinzudenken existiert, das heißt: wir haben alle einen bestimmten Schatz von Erfahrungen oder, besser gesagt: Erfahrungserkenntnissen, in welchen diese beiden Begriffe des Ich und der Natur unlöslich miteinander verbunden sind.

Dieser Auffassung kommt Wilhelm Wundt nahe, wenn er von den psychischen Elementen psychische Gebilde unterscheidet, die nach ihm als eine Art Einheit aufzufassen sind. Mit Recht nennt er es ein Vorurteil, zu glauben, daß diese psychischen Gebilde absolut feste, selbständige Inhalte unserer unmittelbaren Erfahrung seien.

Alle Vorstellungen sind zwar zerlegbar in ihre Elemente (Empfindungen usw.), doch werden die Eigenschaften der Gebilde durch diejenigen der psychischen Elemente, die in sie eingehen, niemals erschöpft. Gerade infolge der Verbindungen entstehen vielmehr neue Eigenschaften, die den Vorstellungen als solchen eigentümlich sind, mit anderen Worten, die psychischen Gebilde stellen etwas völlig Neues dar, das aus den Elementen nicht ableitbar ist. Es gilt also zu begreifen, daß nicht etwa nur die Empfindung (die sogenannte Materie des Bewußtseins), sondern auch die Vorstellungen und Begriffe (das Formale des Bewußtseins) Inhalte darstellen, nur daß im letzteren Falle der Inhalt eben in der Verbindung als solcher liegt. Kurz könnte man diesen Sachverhalt auch so formulieren: Bewußtsein bedeutet Verbindung.

§ 16. Hauptformen der Vorstellungen.

Man pflegt drei Hauptgruppen von Vorstellungen zu unterscheiden: 1. intensive, 2. räumliche, 3. zeitliche Vorstellungen.

Die intensiven Vorstellungen beruhen auf einer Verbindung von Empfindungen, die in beliebig wechselnder Ordnung vorkommen können. Habe ich zum Beispiel den Akkord c e g, so so sind in diesem die Elemente c e, c g, e c und e g usw. als Einzelverbindungen einander völlig gleichwertig. Man spricht in diesem Falle von einer Verschmelzung der Empfindungen, und zwar bei den intensiven Vorstellungen von einer intensiven Verschmelzung. So ist der Einzelklang eine intensive Vorstellung, die aus einer Reihe regelmäßig in ihrer Qualität abgestufter Tonempfindungen besteht.

Die Teiltöne des Klanges bilden hierbei eine vollkommene Verschmelzung, aus der die Empfindung des tiefsten Teiltones (z. B. c) als das herrschende Element hervortritt. Die übrigen Elemente bezeichnet man als die Obertöne; sie ergeben die sogenannte Klangfarbe [1]).

Die räumlichen und zeitlichen Vorstellungen sind im Unterschiede von den intensiven an eine fest bestimmte Ordnung gebunden; wird diese Ordnung verändert, so verändert sich damit die Vorstellung selber. Wundt spricht in diesem Falle von extensiven Vorstellungen. Besser dürfte es sein, mit Kant den Ausdruck zu wählen: reine Anschauung; Raum und Zeit sind danach reine Anschauung, das heißt Form der Ordnung von Empfindungen, und zwar stellt der Raum die Ordnung des Nebeneinander, die Zeit die Ordnung des Nacheinander dar.

Raum und Zeit sind nicht etwa nur Ordnungen der in der Erfahrung gegebenen, also der wirklichen Sinnesempfindungen, sondern sie sind Ordnungsprinzipien für Bewußtseinsinhalte überhaupt, das heißt für wirkliche und mögliche Empfindungen. Daher der Ausdruck: „reine" Anschauung im Unterschiede von der „empirischen" Anschauung, die bei Kant nur ein anderer Ausdruck für Wahrnehmung ist. Raum und Zeit werden, wie nach dem Obigen ohne weiteres verständlich ist, daher auch bezeichnet als Verhältnisvorstellungen oder, wenn wir diesen Gedanken erkenntnistheoretisch wenden, so können wir sagen: Raum und Zeit sind Bedingungen der Möglichkeit der Erfahrung.

Die räumliche Ordnung der Teile ist nun stets nur eine wechselseitige, das heißt es kommt dabei auf das Verhältnis zum vorstellenden Subjekt gar nicht an.

Anders ausgedrückt: die Raumgebilde sind verschiebbar und drehbar. Alle Drehungen lassen sich auf die drei Hauptabmessungen (Dimensionen) zurückführen: Länge, Breite und Tiefe.

[1]) Siehe hierzu Stumpf, Tonpsychologie, Band II.

Die Ordnung der Elemente liegt nun nicht in diesen selbst, sondern sie geht erst aus dem Zusammensein der Empfindungen, also aus irgendwelchen, durch dieses Zusammensein neu entstehenden psychischen Bedingungen hervor. Sonst müßte der ganze dreidimensionale Raum in jeder Empfindung ohne weiteres stecken. Alle räumlichen Vorstellungen sind nun Formen der Ordnung zweier Sinnesqualitäten: der Tastempfindungen und der Lichtempfindungen.

a) Die räumlichen Tastvorstellungen.

Die einfachste räumliche Tastvorstellung ist die eines einzelnen nahezu punktförmigen Eindrucks auf die Haut (Lokalisation des Reizes). Sie ist verbunden mit einer, wenn meist auch dunklen Gesichtsvorstellung der betreffenden Stelle. Der Blinde zieht hier statt ihrer Bewegungen zu Hilfe (Blindenschrift). Beim Sehenden wie beim Blinden gilt, daß in die empirisch gegebenen Verbindungen der Empfindungen selbst die Entstehung der räumlichen Vorstellungen zu verlegen ist; weder das Tastempfindungssystem, noch das Bewegungsempfindungs-, noch das Gesichtsempfindungssystem trägt an und für sich die Vorstellung einer räumlichen Einordnung in sich, vielmehr können wir nur sagen, daß diese Ordnung regelmäßig aus ihrer Verbindung entsteht.

b) Die räumlichen Gesichtsvorstellungen.

Bei den Gesichtsvorstellungen liegen die Verhältnisse ähnlich wie bei den Tastvorstellungen, nur haben wir hier die Netzhautfläche als Sinnesfläche mit ihren Zäpfchen und Stäbchen. Den Bewegungen der Tastorgane entsprechen die Bewegungen der beiden Augen.

Der Tastsinn ist ein Nahesinn, der Gesichtssinn ein Fernsinn.

Die zeitlichen Vorstellungen.

Mit den Empfindungen ist stets gegeben ein räumlich-zeitliches Bewußtsein, das heißt, es gibt keine rein isolierte Empfindung, sondern allem haften räumliche Vorstellungen ursprünglich an. In jeder einzelnen Empfindung, zum Beispiel in der Empfindung des leuchtenden Punktes P_1, kann ja die Raumvorstellung, das heißt die Vorstellung der Ausdehnung, nicht liegen, ebensowenig aber in der Empfindung des leuchtenden Punktes P_2. Ist nun eine Reihe von leuchtenden Punkten $P_1, P_2 \ldots P_n$ gegeben, so muß die Raumvorstellung, wie das Kant ausdrückt, ihnen bereits „zum Grunde liegen", damit wir sie als außer uns befindlich und nebeneinander vorhanden betrachten können. Dasselbe gilt von der Zeitvorstellung, die daher auch den einzelnen Empfindungen: leuchtender Punkt P_1, leuchtender Punkt P_2 usw. vorausliegen muß. Mit andern Worten, wenn wir überhaupt diese leuchtenden Punkte als etwas voneinander Verschiedenes auffassen, wenn wir sie in eine Reihe stellen wollen, so liegt hierbei schon die Zeitvorstellung notwendig zugrunde. Da diese Verbindung aber eine unmittelbare ist, so ist die Zeit ebenso wie der Raum von Kant nicht als Begriff, sondern als reine Anschauung charakterisiert worden. Man könnte dies auch so ausdrücken, daß eben alle Verbindung, als welche das Bewußtsein ja bereits oben erkannt wurde, zuerst zeitliche Verbindung ist. Zeitliche Verbindung, das bedeutet einerseits Vereinigung im Sinne des Aufreihens meiner Vorstellungen beziehungsweise Empfindungen, und sie bedeutet zweitens Scheidung oder Trennung eben dieser Bewußtseinsinhalte. Zeitliches Vorstellen ist also Verbindung in dem Doppelsinne von einerseits Vereinigung, andererseits Sonderung.

Diese an Kant sich anlehnende Auffassung steht keineswegs in Widerspruch zu den Bemühungen der empirischen Psychologie, die Bedingungen nachzuweisen, unter denen eine Zeitvorstellung sich bildet. Hierbei zeigt sich, daß vorhanden sein müssen: erstens die bei den Tastbewegungen entstehenden inneren Tastempfindungen und zweitens Gehörsempfindungen (Rhythmus). Eine empiristische Theorie, wie die von Wundt zum Beispiel, kann immer nur aufzeigen, welche Erfahrungsbedingungen vorhanden sein müssen, damit sich die Zeitvorstellung bildet, sie kann aber nicht nachweisen, daß sich die Zeitvorstellung aus diesen bildet und bilden muß. Das Vorstellen von Verhältnissen (räumlich, zeitlich) ist eben und bleibt gegenüber dem bloßen Erleben von Elementarinhalten (Empfindung usw.) etwas gänzlich Neues, Ursprüngliches, darüber können alle genetischen Theorien nicht hinwegtäuschen, denn die Zeit läßt sich nicht äußerlich anschauen [1]).

Wir erleben sie vielmehr als Aufreihung der Empfindungen, als die unmittelbarste Art zugleich der Verbindung und der Trennung der Empfindungen. Auch bei den zeitlichen Gebilden haben die Elemente, in die sie sich zerlegen lassen, eine bestimmte unverrückbare Ordnung, so daß, wenn sich diese Ordnung verändert, auch das gegebene Gebilde trotz gleich bleibender Qualität seiner Komponenten ein anderes wird. Wenn sich hier irgendetwas verändert, so ändert sich auch stets das Verhältnis zum vorstellenden Subjekte. Die Verbindung der Elemente besteht ja nur in dieser Beziehung zum Subjekt. Etwas wie Lageveränderung gibt es bei der Zeit nicht. Daher redet man vom Fließen der Zeit und unterscheidet als die drei Zeitstufen die des Vergangenen, Gegenwärtigen und Zukünftigen.

§ 17. Die Affekte.

Zwischen Gefühl und Affekten läßt sich eine scharfe Grenze nicht ziehen, der Hauptunterschied ist die Dauer, denn das Gefühl bezeichnet keinen dauernden Zustand, wo sich aber eine zeitliche Folge von Gefühlen zu einem zusammenhängenden Verlaufe verbindet, der sich gegenüber dem vorangegangenen und folgenden als ein eigenartiges Ganzes aussondert, das im allgemeinen zugleich intensivere Wirkungen auf das Subjekt ausübt als ein einzelnes Gefühl, da nennen wir einen solchen Verlauf Affekt.

Starke rhythmische Gefühle gehen leicht in Affekte über. Darum bildet der Rhythmus in der Musik wie in der Poesie

---

[1]) Sie läßt sich äußerlich nur darstellen, zum Beispiel als eine Linie, aber man vergesse nie, daß diese selbst ein räumliches Bild ist, wie wir denn überhaupt stets die Zeit durch den Raum, den Raum durch die Zeit messen.

ein wichtiges Hilfsmittel, um Affekte zu schildern und im Hörer hervorzurufen.

Die Namengebung pflegt hierbei recht ungenau zu sein, liefert uns doch die Sprache nicht viel mehr als allgemeinste oberflächliche Gattungsbegriffe wie: Freude, Hoffnung, Sorge, Kummer usw. Der Affekt ist gegenüber dem Gefühl a) ein Prozeß höherer Stufe, der eine Aufeinanderfolge mehrerer Gefühle in sich schließt, b) er beruht auf der Steigerung der Wirkung, die eine Summation von Gefühlen mit sich führt. Die physischen Begleiterscheinungen des Affektes erstrecken sich auf Herz, Blutgefäße, Atmung und innere Bewegungsorgane. Bei stärkeren Affekten treten selbst Innervationsstörungen auf: Muskelzittern, krampfhaftes Erschüttern des Zwerchfells und der Antlitzmuskeln.

Man unterscheidet bewegungsverstärkende und schwächende Affekte. Hierbei ist daran zu erinnern, daß die physischen Begleiterscheinungen die wichtige psychische Eigenschaft der Affektverstärkung haben. Die fernere Einteilung in subjektive und objektive Affekte ist angreifbar, dagegen ist es richtig, die Affekte zu scheiden in: 1. plötzlich hereinbrechende und 2. allmählich entstehende Affekte.

§ 18. Die Willensvorgänge.

Bei den Willensvorgängen liegt eine Verknüpfung vor von Vorstellungen, Gefühlen, beziehungsweise Affekten und dem dritten Elemente des Bewußtseins, das oben (siehe § 5) als Streben bezeichnet wurde. Manche Forscher, so zum Beispiel Wundt, leiten die Willensvorgänge direkt aus dem Affekte ab, denn nach ihm ist der Affekt selbst mit der aus ihm hervorgehenden Endwirkung ein Willensvorgang, und zwar geht die Willenshandlung danach meist hervor aus dem Kontrast der Gefühle.

Diese Auffassung ist, wenn man nur Empfindung und Gefühl als Elementarerscheinungen gelten läßt, durchaus konsequent, von unserem gewählten Standpunkte aus aber unhaltbar. Es wird dabei offenbar der Gefühlsanteil überschätzt, und insofern ist der

Voluntarismus Wundts kein rein durchgebildeter. Richtig ist es, daß sowohl Streben wie Gefühl ein interessiertes Verhalten bezeichnen, denn was man erstrebt, ist auch Gegenstand der Lust, was man meidet, Gegenstand der Unlust. Nur ist der Unterschied dabei doch nicht zu leugnen, daß das Gefühl stets passiv, unfrei, an das Gegebene gebunden ist, während das Streben aktiv ist, ja die Grundlage aller Aktivität bildet (siehe oben § 12 u. § 13).

Nur weil wir Streben haben, darum empfinden wir unser Bewußtsein als unser Tun, unsere eigne Tätigkeit. Sage ich a und b sind meine Vorstellungen, so liegt darin ja mehr als die Erkenntnis, daß ich einen Bewußtseinsinhalt erlebe, denn es bedeutet doch offenbar so viel wie, daß ich zu diesen Vorstellungen Stellung nehme; das stellungnehmende Ich aber ist nichts anderes als das wollende Ich.

Als Stufen des Willens dürfte es sich empfehlen zu unterscheiden: Trieb, Wille im engeren Sinne und Vernunftwille. Auf der untersten Stufe, der des blinden Triebes, geht das menschliche (und tierische!) Streben noch gänzlich auf im einzelnen, vor den Sinnen schwebenden Objekt, es ist daher an den Gegenstand gebunden und erscheint so unfrei, passiv. Die Grundform des Triebes ist der Drang nach Betätigung, bei der die Gefühle von Lust und Unlust allerdings stets eine Rolle spielen, insofern sie alles menschliche Tun begleiten. Aber sie sind dabei gänzlich unkontrollierbar und von den geringsten Zufälligkeiten abhängig, so daß es nicht richtig ist, die Lust als Ziel des Strebens anzusehen. Können wir doch auch niemals mit Sicherheit voraussehen, ob uns eine bestimmte Sache wirklich Lust gewährt, Unlust fernhält. Auch vernichtet die bedingungslose Hingabe an einen Genuß bald jede Energie des Trieblebens und damit Genußfähigkeit.

Es gilt sich klar zu machen, daß die sinnliche Triebtätigkeit schon deutlich ein Arbeiten, nämlich einerseits Erzeugung eines Gegenstandes, andererseits beständige Wiedererzeugung ihrer selbst ist. Und der Genuß, sofern er damit verbunden ist, ist Genuß des Wirkens, des Schaffens.

Beim Willen im engeren Sinne kommt zum Triebe das Urteil hinzu. Wir nehmen nicht mehr nur hin, sondern stellen uns vergleichend, abwägend zu einer Sache, nehmen an und verwerfen. Es bleibt also der Trieb zwar Voraussetzung des Willens, aber wir können ihm entgegenhandeln, ihn sogar umlenken, und so ist denn der Wille ihm gegenüber etwas Neues, Selbständiges. Woher kommt nun dem Willen diese Gewalt, die lebendige Energie der Triebe in eine bestimmte Richtung zu zwingen? Zuletzt kann es sicherlich nur die Energie vorhandener Triebe sein, woraus er diese Kraft schöpft; aber darum ist der Wille doch nicht bloßer Trieb, nicht die mechanische Resultante vorhandener Triebe. Er ist vielmehr, obwohl dem Material nach gänzlich auf die gegebenen Triebe (Vorstellungen, Gefühle, Strebungen) angewiesen, formal etwas Neues, insofern diese Triebe eine neue Einheit erhalten, einen „Zweck", ein Ziel. Alle Triebe sind da, der Wille indessen fragt gar nicht nach dem, was da ist, sondern was sein soll. Diese praktische Objektsetzung, diese Aussage: „das will ich" ist an sich von der Erwägung dessen, was ist, sein wird, möglich ist oder gar notwendig ist, ganz unabhängig. Wollen, das heißt also, sich für eine Sache einsetzen, ein Ziel fest im Auge halten, wobei noch nichts darüber ausgemacht ist, ob dieses Ziel an und für sich gut oder böse ist.

Das führt uns zurück zu dem ja auch erziehlich so überaus wichtigen Problem der Willensfreiheit (s. ob. § 13). Diese besagt zunächst nur die unbestreitbare Tatsache, daß wir urteilen, das heißt willensgemäß einen Entscheid fällen. Man meint, es sei ein Einwand gegen diese Willensfreiheit, wenn man nachweist, wie ein solches Urteil kausal bedingt ist, wie es als Tätigkeit zustande kommt. Aber um das zeitliche Ereignis des Urteilens handelt es sich eigentlich gar nicht, sondern um den Urteilsspruch selbst und was er inhaltlich besagt, und wenn dieser lautet: Dieser Trieb ist gut, jener verkehrt, das ist recht, jenes verkehrt, so wird damit dem Beurteilten eine Qualität beigelegt, die gar nicht im Objekt liegt, sondern einzig und allein aus dem Gesichtspunkt des Urteilenden zu verstehen ist. Und dieses Urteil behauptet sich auch im Gegensatz zur augenblicklichen Trieblage.

So bin ich etwa meiner Leidenschaft gefolgt (dem Zorn, dem Haß), das Urteil aber bleibt dabei, daß das nicht hätte sein sollen. Es hat also zwar nicht ausgereicht, mein wirkliches Tun zu bestimmen, aber ich sehe doch ein, daß ich bei ruhiger Überlegung hätte danach handeln können.

Freilich ist der bloße Wille sittlich noch genau so indifferent wie der gewöhnliche Trieb, er ist an sich des Bösen so gut fähig wie des Guten. Zielsicheres Wollen, das bedeutet also noch nicht vernünftiges Wollen; denn dieses kann nur auf das Gute (und vom Bösen weg) gerichtet sein. Nicht jede Maxime des Willens taugt eben (um mit Kant zu reden) als Prinzip einer allgemeinen Gesetzgebung. Stellt jeder Einzelwille einen besonderen Zweck dar, so entsteht ferner die Aufgabe, alle besonderen Zwecke in einem allgemeinen Zwecksystem zu vereinigen. An diesem idealen Ziele einer durchgängigen Einheit der Zwecke wird fortan die Richtigkeit der einzelnen Willensregelungen gemessen. Der oberste Maßstab dafür, ob ein Wollen „gut" ist, ist einzig der der Einheit, der durchgängigen Übereinstimmung, also der Gesetzlichkeit des Strebens. „Handle so", drückt Kant diesen Gedanken aus, daß die Maxime (das heißt der subjektive Grundsatz) deines Willens zugleich als Prinzip einer allgemeinen Gesetzgebung dienen kann." Keine einzelne Handlung also kann als „gut" gelten, vielleicht wird die Erfahrung auch niemals das Beispiel einer rein pflichtgemäßen, das heißt guten Handlung darbieten, dennoch aber bleibt der Begriff der Pflicht bestehen. Das Gesetz der Beurteilung bleibt, auch wenn ihm kein empirischer Fall jemals gänzlich kongruent ist, was auch weiter gar nichts Wunderbares ist, denn auch in der Naturwissenschaft zweifelt ja niemand an der Tatsache, daß die Planeten sich in Ellipsen bewegen, daß gleiche Ursachen gleiche Wirkungen hervorrufen, wenngleich man dies niemals exakt in der Erfahrung darstellen kann.

Diese höchste Entwickelungsstufe des Willens nun pflegt man als Vernunft zu bezeichnen und ihn selber demgemäß als Vernunftwille.

§ 19. Die Assoziationen.

Der Begriff der „Assoziation" hat sich in der neueren Psychologie stark gewandelt. Früher ging man in der Psychologie meist von den Vorstellungen aus, denen man (von allen psychischen Erfahrungsinhalten allein) die Natur von Objekten zuschreiben zu dürfen glaubte, und zwar nur deshalb, weil sie als Bilder der den Sinnen gegebenen Gegenstände betrachtet wurden. Bei diesem Intellektualismus in der Psychologie wurden entweder die logischen Urteils- und Schlußprozesse als die typischen Grundformen des psychischen Geschehens betrachtet, oder aber man nahm als solche gewisse, durch ihre Häufigkeit vor andern bevorzugte Verbindungen aufeinander folgender Erinnerungsbilder: die sogenannten „Assoziationen" der Vorstellungen.

Diese Assoziations-Theorie ging hervor aus dem philosophischen Empirismus des achtzehnten Jahrhunderts. Ihr Wert liegt in dem energischen Versuch empirischer Erklärung gegenüber bloßen logisch-metaphysischen Konstruktionen. Indessen hat sie sich als unfähig vor allem zur Interpretation der Gefühls- und Willensvorgänge erwiesen. Ihr Fehler ist hauptsächlich der der Verdinglichung der Vorstellungen. Dagegen nimmt man heute an, daß die psychischen Tatsachen Ereignisse, nicht Gegenstände sind. Es gibt da keine Konstanz, denn nie sind zwei Vorstellungen identisch. Hartley und Hume dagegen glaubten, die Vorstellungen (ideas) könnten in derselben Beschaffenheit, in der sie zum ersten Male im Bewußtsein entstanden, auch in ihm sich wieder erneuern. So sah man in der Assoziation das Erklärungsprinzip für die sogenannte „Reproduktion" der Vorstellungen. Man untersuchte nun vor allem die sukzessiven Assoziationen und unterschied hier, dem alten aristotelischen Schema folgend, einerseits die Assoziationen nach Ähnlichkeit und Kontrast, andrerseits die nach Gleichzeitigkeit und Sukzession. Diese Gattungsbegriffe schmückte man mit dem Namen „Assoziationsgesetze". In der neueren Assoziationslehre hat man dann meist die Anzahl dieser „Gesetze" zu reduzieren gesucht. Den Kontrast faßte man als Grenzfall der Ähnlichkeit, und die Verbindungen der Gleichzeitigkeit und Sukzession faßte man zusammen unter dem Sammelnamen der Kontiguität d. h. Berührungsassoziation. Diese als „äußere" stellte man der Ähnlichkeits-Assoziation als „innere" gegenüber. Man sah (mit Recht), daß es möglich sei, noch weiter zu reduzieren und so die Assoziation letztlich auf das Prinzip der Übung und Gewöhnung zurückzuleiten.

Gegen diese ganze Betrachtungsweise sprechen gewichtige Gründe. Jene zusammengesetzten Vorstellungen, die die Assoziationspsychologie als unzerlegbare psychische Einheiten voraussetzt, bestehen selbst schon aus Verbindungs-Prozessen. Eine „Reproduktion" im eigentlichen Sinne, sofern man darunter die unveränderte Erneuerung einer früher dagewesenen Vorstellung versteht, gibt es überhaupt nicht. Die neue Vorstellung ist von der früheren immer verschieden. Aus dem Gesagten folgt: daß den gewöhnlich allein so genannten Assoziationen zusammengesetzter Vorstellungen elementarere Assoziations-Prozesse zwischen ihren Bestandteilen vorausgehen. Also: die gewöhnlichen Assoziationen sind selber nur Komplexionen elementarer Assoziationen. Es ist ferner gar kein Grund vorhanden, den Begriff: „Assoziation" auf die Vorstellungsprozesse zu beschränken, denn gewiß ist eine Verbindung im Sinne der Assoziationen stets ebenso zwischen Vorstellungen und Gefühlen, Gefühlen und Strebungen, Gefühlen und Vorstellungen möglich oder vielmehr wirklich vorhanden wie zwischen Vorstellungen und anderen Vorstellungen.

Hier leidet die ältere Psychologie unter dem intellektualistischen Vorurteil. Es gilt also, die Assoziationen auf elementare Prozesse zurückzuführen, die sich an den realen psychischen Vorgängen immer nur in mehr oder minder verwickelter Zusammensetzung darbieten, so daß man die elementaren Assoziationen erst durch psychische Analyse gewinnen kann.

Wundt unterscheidet nun unter den Assoziationen: 1. als die festesten diejenigen, aus denen die verschiedenen psychischen Gebilde selbst entstehen = Verschmelzungen.

2. Simultane Assoziationen, die in der Veränderung gegebener psychischer Gebilde durch die Einwirkung von Elementen anderer Gebilde entstehen = Assimilationen.

3. Simultane Assoziationen psychischer Gebilde disparater Sinnesgebiete = Komplikationen.

4. Sukzessive Assoziationen.

Fragt man nach dem Verhältnis von Denkbeziehung und Assoziation, so hat man bald diese auf jene, bald jene auf diese zurückgeführt. Nach Hume z. B. soll die Kausalität aus der Assoziation erklärt, auf sie zurückgeführt werden: das ursächliche Verhältnis bedeutet — meint er — nur, daß wir gewöhnt sind, bestimmte Vorstellungen mit- und nacheinander zu erleben. Umgekehrt führt Wundt als Reproduktionsgründe außer Ähnlichkeit und Kontiguität an die Verhältnisse von Ganzem und Teil, logischer Über- und Unterordnung, Ursache und Wirkung, Mittel und Zweck. Danach wären also Denkbeziehungen für die Gesetzmäßigkeit der Vorstellungsfolge bestimmend. Kant korrigiert beide Auffassungen, indem er die transzendentale Apperzeption als „Radikalvermögen" zugrunde legt und für die Gesetzmäßigkeit der Reproduktion ursprünglich bestimmend sein läßt.

Mit anderen Worten: „reproduzieren" kann man nur unter der ersten Voraussetzung der Einheit oder Identität, die aber empirisch nie gegeben ist, sondern als reine „Hypothesis" d. h. Denkvoraussetzung zugrunde gelegt wird, um die Verschiedenheit zu erkennen. Es gibt tatsächlich nur Verschiedenheit, aber alles ist graduell verschieden, und so braucht man einen Maßstab, um den Grad und die Art der Verschiedenheit zu beurteilen, als dieser aber dient die Identität, dienen ferner die übrigen Kategorien, die Bestimmungen wie Kausalität, Vielheit, Allheit usw. Angenommen, wir bemerken in einem Gefäß einen Klumpen Eis und stellen fest, daß dieser nach einer bestimmten Zeit im warmen Zimmer zu Wasser geworden ist, so ist ja in der Tat die Verschiedenheit gegeben: 1. fester Zustand 2. flüssiger Zustand usw. Wir nehmen aber an, daß es dieselben Atome sind, die zuerst als Eis, dann als Wasser „erschienen", mit anderen Worten: In der Welt der Phänomene, der Erscheinungen gibt es kein schlechterdings Seiendes oder Bleibendes, dieses liegt vielmehr in den Begriffen. Diese „idealistische Auffassung" erscheint freilich dem philosophischen Anfänger paradox, nimmt doch das naive Bewußtsein gerade umgekehrt an, daß die Erscheinungswelt (man pflegt zu sagen „die Dinge") relative Konstanz hat, während die Begriffe oder das Denken als bloß „subjektiv" bezeichnet werden. Nun zeigt sich aber, daß vielmehr die subjektiven Voraussetzungen (z. B. Identität, Einheit), das allein Bleibende sind, während das scheinbar „Objektive" (die sogenannten Dinge, z. B. dieses Stück Eis, dieser Tisch, dieses wahrgenommene Licht usw.) ewigem Wechsel, ständiger Veränderung unterworfen sind. — Nur der Wechsel ist also das Bleibende.

§ 20. Die simultanen Assoziationen.

Die Terminologie ist gerade hier in der Psychologie außerordentlich unsicher; es sei daher nur nochmals erwähnt, daß nach Wundt zu unterscheiden sind die drei Gruppen der a) Verschmelzungen, b) Assimilationen und c) Komplikationen, wobei die Verschmelzungen feste Assoziationen psychischer Elemente sind, deren Elemente zwar auch in anderen Verbindungen, aber nie isoliert vorkommen. Es sind diejenigen Prozesse, durch die allein die in unserem Bewußtsein wirklich vorhandenen psychischen Gebilde überhaupt erst entstehen. Sie sind charakterisiert durch das Hervortreten dominierender Elemente (Hauptton eines Klanges; dominierendes Gefühl). Die Assimilationen ergänzen den Prozeß der Verschmelzung und sind am deutlichsten dann festzustellen, wenn einzelne Komponenten des Assimilations-Produktes durch einen äußeren Sinnes-Eindruck gegeben werden, während andere früher gehabten Vorstellungen angehören. Dann läßt sich das Vorhandensein der Assimilationen eben dadurch konstatieren, daß gewisse Bestandteile, die in dem objektiven Eindruck fehlen, nachweisbar aus früheren Vorstellungen stammen. Unter diesen sind, wie die Erfahrung zeigt, solche ganz besonders bevorzugt, die sehr häufig vorhanden waren. — Besonders beim Hören der Worte sind fortwährende Assimilationen vorhanden: der Schalleindruck ist unvollständig, aber er wird aus früheren Eindrücken so vollkommen ergänzt, daß wir es nicht bemerken. Erst das Verhören, d. h. eine durch unrichtige Assimilationen bewirkte falsche Ergänzung, macht uns auf diesen Prozeß aufmerksam. Hört man in Tierstimmen, Windrauschen usw. Worte hinein, so sind das auch Assimilationen. Beim Blinden kommt die Assimilation beim Lesen der Blindenschrift in Betracht, ferner wirkt sie bei den Vorstellungen der Größe, der Entfernung und der körperlichen Beschaffenheit der Gesichtsobjekte mit. Ein gemaltes Bild z. B. kann nur dadurch körperlich wirken, daß der Eindruck Elemente früherer Wahrnehmungen erweckt, die so assimilierend wirken. Auch beim „Verlesen" haben wir Assimilationen, denn beim Lesen ist es meist nicht so, daß wir die falschen Lettern nicht bemerken, sondern daß wir statt ihrer („unwillkürlich" sagt man) die richtigen sehen.

Die Komplikationen sind Verbindungen zwischen ungleichartigen psychischen Gebilden. Sie sind ebenso regelmäßige Bestandteile des Bewußtseins wie die Assimilationen. Infolge der Ungleichartigkeit ist die Verbindung meist eine losere, wenn sie auch noch so regelmäßig ist. Auch hier ist unter den verbundenen Gebilden meist eins das herrschende, ihm gegenüber treten dann die anderen in das dunkle Blickfeld des Bewußtseins. So dominieren, wenn wir sprechen, die akustischen Vorstellungen, neben denen die Bewegungs-Empfindungen dunkler zurücktreten.

§ 21. Die sukzessiven Assoziationen.

1. Die sinnlichen Wiedererkennungsvorgänge.

Man spricht von sinnlichen Wiedererkennungsvorgängen, um darauf hinzuweisen, daß das erste Glied der Verbindung stets ein Sinneseindruck ist. Der einfachste Fall ist der, daß wir ein Objekt einmal wahrgenommen haben und es dann bei erneuter Begegnung als das nämliche wiedererkennen. Dabei spielen dunkle Vorstellungen eine gewisse Rolle (Unter-Bewußtsein), z. B. bei Personen helfen die Eigennamen, auch der Klang der Stimme oft stark als Hilfsmittel der Wiedererkennung. Sie brauchen aber, um diese Hülfe zu leisten, nicht notwendig als klare Vorstellungen im Bewußtsein zu sein.

2. Die Erinnerungsvorgänge.

Der einfache Wiedererkennungsvorgang kann sich dahin entwickeln, daß die Hindernisse sofortiger Assimilation so groß sind, daß ein ganz neues Vorstellungsgebilde entsteht, das direkt auf einen früher stattgefundenen Eindruck bezogen wird. Der so eintretende Vorgang ist ein Erinnerungsvorgang und die Vorstellung eine Erinnerungsvorstellung oder ein Erinnerungs„bild". Es gibt hier auch eine sogenannte mittelbare Erinnerung; so erinnere ich mich, im Zimmer sitzend, plötzlich einer Landschaft, die ich früher einmal durchreist habe. Der Grund kann etwa der sein, daß ich eine Blume rieche, die ich in der betr. Landschaft gefunden habe.

Bei den Erinnerungsvorgängen bieten wichtige Assimilations-Hilfen die Wortvorstellungen, die sich in manchen Fällen mit individuellen Gegenständen (Eigennamen), ganz besonders aber mit Gattungsnamen verbinden. Bei der Mannigfaltigkeit dieser Bedingungen ist es begreiflich, daß sich im allgemeinen die Assoziationen der Vorausberechnung entziehen, während, sobald der Erinnerungsakt eingetreten ist, die Spuren seiner assoziativen Entstehung selten der aufmerksamen Nachforschung entgehen, sodaß wir unter allen Umständen berechtigt sind, die Assoziationen als die allgemeine und einzige Veranlassung von Erinnerungsvorgängen zu betrachten.

Hier zeigt sich besonders deutlich, daß das alte Schema: Alle Erinnerungsvorgänge sind entweder Ähnlichkeits- oder Berührungs-Assoziationen, völlig unzutreffend ist. Der Begriff der „Ähnlichkeitsassoziation" ist durchaus an die Voraussetzung gebunden (die wir abgelehnt haben), daß die zusammengesetzten Vorstellungen unveränderliche psychische Objekte und die Assoziationen Verbindungen zwischen den fertigen Vorstellungen seien. Der ganze Begriff wird von selbst hinfällig, wenn man diese Voraussetzung fallen läßt. Wo gewisse Assoziations**produkte**, z. B. zwei sukzessiv auftauchende Erinnerungsbilder, einander ähnlich sind, da wird dies stets auf Assimilationsprozesse zurückzuführen sein, die sich aus elementaren Gleichheits- und Berührungsverbindungen zusammensetzen.

§ 22. Das Gedächtnis.

Die Wirkung der Erinnerungs-Assoziation pflegt man in ihrer Beziehung zu den ursprünglichen Eindrücken, auf die sie zurückgehen, unter dem Namen des Gedächtnisses zusammenzufassen. Dieser vulgär-psychologische Begriff bedarf in jedem einzelnen Falle der Analyse in die den Erscheinungen zugrunde liegenden elementaren Assoziations-Prozesse und ihre Wirkungen. Es ist stets im einzelnen zu untersuchen, ob es sich handelt um ein Gehörsgedächtnis, um ein gutes Zahlen- oder Wortgedächtnis, um ein gutes Zeitgedächtnis usw. Hierbei spielen individuelle Unterschiede bei uns Menschen eine große Rolle. So ist etwa die Fähigkeit, sich einer Farbe oder eines Tones zu erinnern, bei den einzelnen Menschen eine außerordentlich verschiedene. Der Musiker entsinnt sich noch nach einem längeren Zeitraum genau der Tonart, in der ein bestimmtes Stück abgefaßt ist, der Maler einer bestimmten Farbengebung usw.

Man redet nun je nach der individuellen Anlage von einem

guten, treuen, umfassenden, leichten Gedächtnis oder von Raum-, Zeit-, Wortgedächtnis, indem bei den verschiedenen Menschen je nach ursprünglicher Anlage und Übung die elementaren Assimilations- und Komplikations-Vorgänge ganz verschieden verlaufen.

Im Alter schwindet das Gedächtnis; am augenfälligsten zeigt sich das beim Wortgedächtnis, und zwar entschwinden zuerst die Eigennamen, dann die konkreteren Gegenstände, dann die abstrakteren Verba, endlich die Partikel.

§. 23. Übung und Ermüdung.

Unter Übung ist zu verstehen eine Mannigfaltigkeit von Erscheinungen, deren Gemeinsames darin liegt, daß sie bei häufiger Wiederholung der gleichen seelischen Betätigung auftreten. Dabei wird man sich schließlich dessen, was man tut, z. B. des Lesens der einzelnen Buchstaben oder der einzelnen Noten nicht mehr deutlich bewußt, aber trotzdem erfolgen die notwendigen Bewegungen (z. B. beim Abschreiben oder beim Spielen der Noten) ganz „von selbst". Mit andern Worten: die Bewegungen können durch die Übung schließlich ganz automatisch werden.

Unter ähnlichen Bedingungen wie die Übung tritt die Erscheinung der Ermüdung auf, wenn nämlich die Wiederholungen einer bestimmten seelischen Leistung in großer Häufigkeit unmittelbar aufeinander erfolgen. Während aber die Übung eine Vervollkommnung darstellt, indem sich dabei der Organismus an eine bestimmte Reihe von Reizen völlig angepaßt hat, ergibt sich bei der Ermüdung eine Verschlechterung der seelischen wie physischen Leistung.

Im Grunde genommen wissen wir von den im Organismus sich bei der Ermüdung vollziehenden Vorgängen noch sehr wenig und können nur ganz allgemein sagen (mit Schenck), daß es sich bei der Ermüdung in allen Fällen um eine Art Vergiftungserscheinung handelt. Es bedarf dann der Ruhe, damit die im

Organismus entstandenen Giftstoffe wieder andere Verbindungen eingehen, in denen sie imstande sind, nützliche Arbeit zu leisten. Offenbar ist aber die Ermüdung eine Art Schutz- und Abwehrmaßregel, um den Organismus vor allzu großer Inanspruchnahme zu bewahren.

Man hat versucht, die geistige Ermüdung z. B. durch die Größe und das schnellere Eintreten der Muskelermüdung zu erkennen, wie sie durch wiederholtes Heben eines Gewichts hervorgebracht wird, doch sind diese Untersuchungen noch zu unvollkommen, als daß sich daraus allgemein-gültige Rückschlüsse für den Pädagogen ziehen lassen.

§ 24. Das Bewußtsein. — Standpunkt des kritischen Monismus.

Seit Leibniz pflegt man in der Psychologie zu unterscheiden zwischen Perzeption und Apperzeption oder zwischen passivem und aktivem Bewußtsein. Die Assoziationen gehören demnach sämtlich unter den Begriff der Perzeption. Im Bewußtsein ist dieses beides: Passivität und Aktivität, stets miteinander gegeben, doch lassen sich gleichsam Stufen des Bewußtseins unterscheiden, wobei man im Anschluß wiederum an Leibniz reden kann von den drei Stufen des verworrenen Bewußtseins, des klaren Bewußtseins und drittens des distinkten Bewußtseins.

Spricht man vom Unbewußtem oder gar von unbewußten Vorstellungen, so kann das nur den Sinn haben, daß man hinweisen will auf die physiologischen Dispositionen, d. h. auf besondere für die Bildung von Vorstellungen usw. günstige Bedingungen. Freilich darf man nicht vergessen, daß diese physiologischen Bedingungen nur gleichsam die negativen Voraussetzungen sind. Das soll heißen: wenn eine bestimmte komplizierte Organisation der Materie vorhanden ist, entsteht das Bewußtsein, doch ist damit noch nichts über das Wesen eben dieses Bewußtseins ausgemacht. Wir wissen nur, daß ohne diese Organisation Bewußtsein nicht entstehen kann, keineswegs aber, warum bei dieser Konstitution sich Bewußtsein bildet. Irgend etwas wie ein kausales Verhältnis liegt also nicht vor. Jede Behauptung, die über diesen einfachen Tatbestand hinausgeht, ist eben Metaphysik.

Vergessen wir doch nicht, daß im Grunde genommen mit der Unterscheidung von physiologischen und psychologischen Erscheinungen nichts anderes gesagt ist, als daß bestimmte Vorstellungsgruppen einander entsprechen. Ist doch auch die sogenannte „Materie" und damit der Körper, also auch das Gehirn, nichts anderes als eine relativ konstante Gruppe von Vorstellungen! Während also der Metaphysiker fragt nach einer Verbindung zweier Substanzen (Körper und Geist), ist von unserem Standpunkte vielmehr nur zu fragen nach einer Verbindung bestimmter Vorstellungsgruppen, die aber doch alle einer und derselben, der in sich einheitlichen, Erfahrung angehören. Diese Auffassung könnte man daher bezeichnen als die eines Monismus der Erfahrung oder eines kritischen Monismus.

§ 25. Die Aufmerksamkeit.

Die Aufmerksamkeit besagt physiologisch soviel wie das Bestehen relativ günstiger Bedingungen in der jeweiligen Verfassung des Nervensystems oder der zunächst betroffenen Zentralteile für die Erregung bestimmter Nervenprozesse, an welche das Auftreten bestimmter Vorstellungen geknüpft ist. Psychologisch ist die Aufmerksamkeit der durch bestimmte Gefühle und Tendenzen charakterisierte Zustand, der die klarere Auffassung eines psychischen Inhalts begleitet. Auch hier ist die psychologische Terminologie wieder außerordentlich schwankend.

So nennt z. B. Wundt den dauernden Vorgang Aufmerksamkeit, den einzelnen Vorgang dagegen, durch den irgend ein psychischer Inhalt zu klarer Auffassung gebracht wird, die „Apperzeption", während andere Forscher hier wieder von Aufmerksamkeit sprechen.

Man pflegt zu unterscheiden: 1. passive, reflexartige, unwillkürliche und 2. aktive oder willkürliche Aufmerksamkeit. Nach der populären Vorstellung handelt es sich beim Aufmerken um reine Willkürakte, so, als ob das Bewußtsein oder die „Seele“ noch eine besondere Aktivität neben und außer ihren Vorstellungen hätte. Hier führt wieder einmal die Sprache irre, so, wenn ich sage: „ich wende einer Sache meine Aufmerksamkeit zu“, als ob das „ich“ und „die Sache“ zweierlei gänzlich getrennt Vorhandenes wären. Diese ganze Vorstellungsweise ist wissenschaftlich unhaltbar. Es ist also daran festzuhalten, daß beide Arten der Aufmerksamkeit ein streng gesetzmäßiges psychisches Geschehen darstellen, pflegen sie doch auch meist unmittelbar aufeinander zu folgen, indem zunächst die unwillkürliche Aufmerksamkeit vorhanden ist, wodurch das Denken und damit die willkürliche Aufmerksamkeit geweckt wird.

§ 26. Das Denken.

Die aktiven Erlebnisse erstrecken sich auf eine Menge psychischer Vorgänge, die man gemeinhin als Denken, Reflexion, Phantasie- oder Verstandestätigkeit bezeichnet. Die vulgäre Auffassung ist hier freilich wieder irreführend, insofern als man meinen könnte, Verstand, Phantasie usw. seien voneinander getrennte seelische Fähigkeiten. Dem ist nun nicht so, vielmehr ist es ein und dieselbe „Seele“ oder ein und dasselbe Bewußtsein, welches Verstand, Phantasie usw. hat. Von der Behauptung besonderer psychischer Fähigkeiten muß also ganz abgesehen werden. Wie bereits oben erwähnt, hängen die Apperzeptionen in concreto aufs engste zusammen mit den Assoziationen, aber darum kann doch weder die Assoziation auf die Apperzeption, noch umgekehrt diese auf jene zurückgeführt werden.

Das Denken ist also einerseits gegenüber dem bloßen Vorstellen etwas Neues, andererseits bilden das ganze Material des Denkens die Vorstellungen, und in zweiter Linie die Gefühle und Strebungen. Denken und Vorstellen stehen zueinander in dem logischem Verhältnis von Form und Materie, so wie ihrerseits die Vorstellungen wieder die „Form" der Empfindungen bilden.

Form und Materie, das sind nach der genialen Erkenntnis Kants Reflexionsbegriffe, d. h. solche Begriffe, die nicht unmittelbar auf die Erkenntnis eines Gegenstandes gehen, sondern die uns entstehen bei der „Reflexion" über die Gegenstände, nachdem sie erkannt sind, und zwar enthält Form stets den Gedanken der Bestimmung, Materie dagegen denjenigen des Unbestimmten, aber Bestimmbaren. Dieser Prozeß der Bestimmung oder Formung eines letzten gegebenen Materials geht aber ins Unendliche, so daß man also niemals zu einer letzten Materie gelangt, ebenso wie man ja niemals an die höchste absolute Einheit herankommt. Diesen Charakter des Fortschreitens ins Unendliche drückt das Wort „Erfahrung" aus, das also soviel besagen will wie: Gegeben sind die Erscheinungen und nichts als sie, es gilt nunmehr, diese Erscheinungen einerseits nach ihrer vollen Mannigfaltigkeit, Verschiedenartigkeit usw. zu erforschen, andrerseits sie auf gewisse begriffliche Einheiten zurückzuführen. Das gegebene Bewußtsein zeigt also stets beides: Form und Materie, Bestimmung und Unbestimmtes, Einheit und Mannigfaltigkeit, apperzeptive und assoziative Elemente.

Das Denken beruht also auf dem Vorstellen, das Vorstellen auf dem Empfinden, aber andererseits heißt Vorstellen unmittelbares Verbinden von Empfindungen; Denken Verbinden von Vorstellungen. Und so ist Denken als Form, als Verbindung ein Neues, nicht dagegen dem Material nach, ebenso ist Vorstellung formal ein Neues, gegenüber den Empfindungen. Denken ist also psychologisch ein Operieren mit Vorstellungen, Verbinden, Trennen, Setzen von Einheiten und Mannigfaltigkeiten, Identitäten und Verschiedenheiten usw.

Wenn das Denken uns indes als Aktivität erscheint, so kann das nicht an dem Material (den Vorstellungen) liegen (sie sind ja ein passives Bewußtsein), sondern das muß daran liegen, daß in diesem Urteilen, Verbinden, Trennen usw. wir uns unserer selbst bewußt werden, die wir verbinden. Denken heißt also Vorstellungen auf die Einheit eines Ich beziehen, dem die Vorstellungen Bewußtseinsinhalte sind — und ohne diesen Bezug gibt es überhaupt nichts Objektives, keine Denkinhalte, sondern nur Vorstellungsinhalte, d. h. Subjektives. Vorstellungsinhalte werden nur erlebt, Denkinhalte dagegen werden auf eine Sache, ein Ding, ein Etwas, ein Objekt, einen Gegenstand, eine bestehende (Existenz habende) Relation bezogen, und das eben heißt: „gedacht".

§ 27. Die Phantasie.

Alles Denken ist einerseits Synthese, andererseits Analyse, d. h. es vollzieht sich in dem Doppelprozeß der Vereinigung und der Sonderung. So entstehen komplizierte psychische Gebilde, die von Wundt bezeichnet werden als „Gesamtvorstellungen". Sind diese von den zugrunde liegenden Assoziationen verhältnismäßig unabhängig, so bildet sich die Phantasievorstellung oder das Phantasiebild.

Eine scharfe Grenze zwischen Phantasie und Erinnerungsbild läßt sich dabei übrigens nicht ziehen. Alle Erinnerung pflegt sich (nur daß wir uns dessen nicht immer bewußt sind) mit Phantasie zu vermischen, daher denn alle Lebenserinnerungen (nicht nur diejenigen Goethes!) „Wahrheit und Dichtung" sind. Die Phantasietätigkeit besteht in der Nacherzeugung wirklicher oder der Wirklichkeit analoger Erlebnisse und hat zwei Entwickelungsstufen: a) als Vorwegnahme der Zukunft; hierbei handelt es sich um ein Hineindenken in imaginäre Lebenslagen und dergleichen. Diese Art der Phantasietätigkeit hat mehr passive Bestandteile; die aktivere Form b) steht unter dem Einfluß streng festgehaltener Zweckvorstellungen. Sie ist daher selbständiger gegenüber den sich aufdrängenden Erinnerungsbildern. Auf dieser Kraft der gestaltenden Phantasie beruht die Kunst. Doch ist nicht alle Phantasie ästhetisch, sondern nur diejenige, welche keinen fremden Zwecken dient, also die freie, selbstzweckliche Phantasie. Stelle ich mir etwa einen noch nie gesehenen Gegenstand, z. B. das Riesenschiff „Imperator", vor, so gehört dazu Phantasie; aber diese ist dienstbare Phantasie. Diejenige Phantasie dagegen, welche den Künstler zur Schaffung seines Kunstwerkes befähigt, ist freie Phantasie, denn das Kunstwerk hat seinen Zweck nicht in irgend etwas Äußerem, es ist vielmehr nichts anderes und will nichts anderes sein als freie Gestaltung auf Grund der Idee des Künstlers.

Ästhetisches Gefühl ist somit reines Tätigkeitsgefühl: Gestaltungsgefühl des Bewußtseins, und das Kunstwerk besteht selber nur in dieser inneren Gestaltung (Produktion, beziehungsweise Reproduktion des genießenden Beschauers), keineswegs aber in dem gestalteten Dinge. Man könnte es paradox so formulieren, daß hier das Objekt lediglich das Subjekt ist.

§ 28. Das sogenannte Webersche Gesetz.

Die bedeutendste, vielleicht aber auch schwierigste Frage der modernen Psychologie ist die nach dem Verhältnis von Reiz und Empfindung, auf die wegen ihrer großen Kompliziertheit daher erst an dieser Stelle eingegangen werden kann (vgl. das oben § 6 über die Entstehung der Empfindungen Gesagte). Von der Art der Beantwortung hängt es auch ab, wie man über die Methode der Psychologie zu denken hat, und gerade dieser Punkt ist natürlich von entscheidender Bedeutung für die Einsicht in die Abhängigkeit der Pädagogik von der Psychologie.

Man geht dabei am besten von den Versuchen aus, die E. H. Weber zur Ermittlung des nach ihm genannten Gesetzes anstellte. Wir legen einer Versuchsperson, die die Augen geschlossen hält, ein beliebiges Gewicht auf die durch den Tisch unterstützte Hand und fügen andere Gewichte hinzu. Ist das ursprünglich gewählte Gewicht sehr klein, so wird gar keine Druckempfindung entstehen; so muß also erst eine bestimmte Größe des Reizes vorhanden sein, damit diesem überhaupt auf der psychischen Seite etwas entspricht. Man pflegt nun diejenige Reizgröße, bei der der zugehörige psychische Vorgang (z. B. die Druckempfindung) eben noch bemerkt werden kann, die Reizschwelle zu nennen. Angenommen nun, das aufgelegte Gewicht betrage 500 g. Legen wir nun etwa 1 g, 5 g, 10 g, 20 g hinzu, so entsteht noch keine Verstärkung der Druckempfindung und wiederholte Versuche zeigen, daß dies erst dann der Fall ist, wenn das hinzugefügte Gewicht etwa 150—180 g schwer ist. Man nennt denjenigen Unterschied der beiden physischen Reize, der den eben unterscheidbaren Empfindungen (sie mögen als E_1 und E_2 bezeichnet werden) entspricht, die Unterschiedsschwelle des Reizes. Muß im obigen Falle, um von E_1 zu E_2 zu gelangen, 160 g hinzugelegt werden, so ist also diese „Unterschiedsschwelle" 660—500 = 160. Die Beobachtung zeigt nun, daß die Unterschiedsschwelle mit der Entfernung von der Reizschwelle immer mehr wächst, und zwar so, daß ihr Verhältnis zur absoluten Größe des Reizes oder die relative Unterschiedsschwelle konstant bleibt. Muß man etwa eine Schallstärke 1 um $^1/_3$ vermehren, damit aus der Tonempfindung E_1 eine Empfindung E_2 wird, so muß man die Schallstärke 2 um 2 mal $^1/_3 = ^2/_3$, 3 um 3 mal $^1/_3 = ^3/_3$ wachsen lassen usw. Dieses Gesetz wird (seit Fechner) nach seinem Entdecker das Webersche Gesetz genannt. Man könnte es auch noch einfacher so formulieren: Die Reizstärke muß stets in demselben Verhältnis anwachsen, um eine eben merkliche Zunahme der Empfindungen zu bewirken. Angenommen z. B., ein Postbeamter vermöchte bei einem Briefe von 21 g noch eben mit Sicherheit zu erkennen, daß er die Gewichtsstufe von 20 g überschreitet, so bedarf er dazu an der Gewichtsgrenze von 250 g eines Mehrgewichts von 12,5 g, bei einem 10 Pfund-Paket eines solchen von 250 g (das Verhältnis ist hier stets $= ^1/_{20}$). Man kann das Gesetz daher auch so aussprechen: Denkt man sich eine beliebige Ausgangsempfindung nach und nach so verstärkt, daß die einzelnen Glieder der gewonnenen Reihe den Eindruck einer gleichmäßigen Stufenfolge machen, so bilden die dazugehörigen physischen Reize eine geometrische Progression oder, anders ausgedrückt, soll der Merklichkeitsgrad der Empfindung in einem arithmetischen Verhältnis zunehmen, so muß die Stärke des Reizes in einem geometrischen Verhältnis ansteigen.

§ 29. Deutung des Gesetzes.

Die eigentlichen Schwierigkeiten beginnen erst bei der Deutung des Weberschen Gesetzes. Nach James hat sich gezeigt, wenn wir die einzelnen Sinne der Reihe nach durchgehen, daß es nur annähernd bestätigt wird. Unsere Empfindlichkeit ist nichts ganz Bestimmtes, sondern unterliegt starken Schwankungen. Man hat gefunden, daß die Differenz zweier Empfindungen, wenn sie der Merklichkeitsgrenze naheliegt, in einem Augenblicke erkannt und im nächsten übersehen werden kann. Selbst Wundt gibt zu, daß es psychische Konstanten in demselben absoluten Sinne wie physikalische Konstanten etwa nicht gibt. Wenn als die Verhältniszahl für die Druckempfindung von ihm $^1/_{20}$ angegeben wird, für die Schallempfindung $^1/_4$, so muß er selbst hinzufügen, daß diese „nur in sehr entfernter Annäherung" als Konstanten bezeichnet werden können. Ferner verhält sich die Empfindung an den beiden Enden der Skala abweichend; denn für sehr starke wie für sehr schwache Reize sind immer größere Steigerungen (nach unten: Verminderungen) der Reize erforderlich, um einen bestimmten gleichen Grad der Empfindungsänderung zu bewirken, und schließlich wird beiderseitig eine Grenze erreicht, über die hinaus eine Änderung der Empfindung überhaupt nicht mehr zu erzielen ist. Die durch das Webersche Gesetz festgestellte Beziehung gilt also mit merklicher Genauigkeit nur für ein größeres Gebiet mittelstarker Reize, und zwar vor allem derjenigen, mit denen wir es im täglichen Leben vorwiegend zu tun haben.

Was ist das aber für ein eigenartiges „Gesetz", das nach oben und unten seine Geltung verliert und auch in der Mitte nur ungefähr gilt?

Die entscheidende Frage aber ist dabei die, ob es überhaupt richtig ist, mit Wundt die Empfindungen als psychische Größen aufzufassen. Wundt gibt selbst den Unterschied physischer und psychischer Größen zu; denn diese letzteren kann man, wie er darlegt, nur unter den Voraussetzungen vergleichen, daß sie unter sonst konstanten Bedingungen des Bewußtseinszustandes in unmittelbarer Aufeinanderfolge gegeben werden. Es ist demnach eine unmittelbare Vergleichung überhaupt nur für gewisse ausgezeichnete Fälle möglich. Sie sind: 1. die Gleichheit zweier psychischer Größen; 2. der ebenmerkliche Unterschied zweier Größen und 3. die Gleichheit zweier Größenunterschiede. Wundt, der auf den zweiten Fall das Hauptgewicht legt, bezeichnet das Webersche Gesetz als ein solches der apperzeptiven Vergleichung. Danach hat es die Bedeutung, daß psychische Größen nur nach ihrem relativen Werte verglichen werden können.

Indessen — kann man überhaupt der Empfindung „Größe" zuschreiben? Sind, wenn ich die Empfindungen E_1 und E_2 habe (blau—grün), hier wirklich Unterschiede der Empfindung vorhanden, oder handelt es sich nicht vielmehr um Unterschiede des Empfundenen? Die Auffassung Münsterbergs und Natorps, die an Fichte und Kant anknüpfen, dürfte hier die richtige sein, daß nämlich das Psychische von Haus aus ohne Quantität ist. Jener bemerkt einmal sehr richtig, daß die Gramme in den Kilogrammen enthalten sind, während in der starken Druckempfindung die schwache niemals eingeschlossen ist; beide sind vielmehr völlig verschiedene einfache Empfindungen. Die Empfindung, so läßt sich danach sagen, ist Unterscheidungsbewußtsein, aber das, was unterschieden wird, liegt nicht in ihr, sondern muß als im Reize bzw. dem Gegenstande enthalten gedacht werden. Über diesen Sachverhalt lassen wir uns durch unsere alltäglichen Erfahrungen immer wieder hinwegtäuschen, da ja freilich alle unsere tatsächlichen „Empfindungen" bereits irgendwelche Bestimmtheiten enthalten. Es gibt eben keine reinen Empfindungen, sondern in allem, was wir erleben (in den Erscheinungen, „Phänomenen"), ist ohne weiteres beides: Physisches und Psychisches, wie man zu sagen pflegt, Bestimmtheit und zu-Bestimmendes enthalten. Dem Begriff nach aber bedeutet Empfindung nur das psychische Elementarphänomen, das Bewußtsein eines einfachen Inhalts = x, der der Bestimmung, das heißt der Zurückführung auf bestimmte gesetzmäßige Verhältnisse im Gegenstande harrt. Man könnte also sagen: die Unterschiede scheinen sich an der Empfindung darzustellen, sie sind aber solche des Naturgegenstandes.

Zusammenfassend können wir sagen: Die Empfindung bedeutet im Unterschiede vom Reiz nicht ein eigenes Etwas, das nach Quantität und Qualität zu bestimmen ist. Sie ist nichts als die letzte materiale Grundlage der Erfahrungserkenntnis (s. oben § 6), besagt also an sich nur das Unbestimmte, aber Bestimmbare. Man darf nicht sie selbst zum Objekt machen, da sie vielmehr der Ausdruck für die reine Subjektivität ist. Nach dieser Auffassung kann die wissenschaftliche Erklärung der psychischen Erscheinungen nur besagen ihre Objektivierung zum Naturvorgang. Dafür gibt es aber nur eine Methode, — die der mathematischen Naturwissenschaft.

Man könnte fragen: wie erklärt sich denn nun aber die — wenn auch nur annähernde — Gesetzmäßigkeit, die das sogen. Webersche Gesetz zum Ausdruck bringt? Nun — es dürfte sich hier eben gar nicht um eine Entsprechung physischer Größen auf der einen, psychischer Größen auf der andern Seite handeln, sondern um eine Entsprechung von physischen Reizen einerseits und physiologischen Prozessen andrerseits, die nur noch nicht genauer haben erforscht werden können. Wirkt z. B. ein Gewicht von 500 g auf die Hand ein (s. oben § 28), so entsteht dadurch in der Nervensubstanz eine bestimmte Spannung, deren Größe = g_1 sein möge. Sie wird dem Gehirn mitgeteilt, a. a.

reizt einen bestimmten Teil der Großhirnrinde, und so entsteht die Empfindung E_1. Füge ich nun etwa 5, 10, 20 g hinzu, so wird die Spannung der Nervensubstanz zwar erhöht, aber nach der zweckmäßigen Einrichtung derselben werden diese geringen Spannungserhöhungen dem Gehirn nicht mitgeteilt. So kann keine Empfindung E_2 zustande kommen. Habe ich aber etwa 200 g hinzugefügt, so wird die Spannung so sehr erhöht, daß sie die Größe g_2 hat, die genügt, um dem Gehirn mitgeteilt zu werden, und es entspricht dieser eine andere Empfindung = E_2; mit andern Worten: wir haben das Bewußtsein eines Unterschiedes, keineswegs aber eine nach „Qualität" und „Intensität" unterschiedene Empfindung. So besagt also das Webersche Gesetz im Grunde nichts anderes, als die Tatsache, — an der auch früher niemand gezweifelt hat! — daß die Nervensubstanz nicht absolut empfindlich ist, sondern daß die Reize erst eine bestimmte „Schwelle" überschreiten müssen, um überhaupt bis zum Gehirn weitergeleitet zu werden.

§ 30. Die Bedeutung der „Schwelle".

Die Existenz der „Schwelle", d. h. die Tatsache, daß der gesamte Energiezusammenhang der Welt nicht unaufhörlich in unser Bewußtsein aufgenommen wird und aufgenommen werden kann, daß zahllose Veränderungen sich in unserem Nervensystem, an unserem Körper überhaupt vollziehen, ohne daß wir es merken, stellt zunächst eine Schranke für die Naturwissenschaft dar. Was sich objektiv, als Naturvorgang, noch unterscheiden läßt, fließt subjektiv, in den Empfindungen, zusammen. Andererseits ist diese Schranke notwendig, denn sie ist das Mittel, wodurch wir überhaupt als organische Einheiten in dem unendlichen Energieaustausch des Universums zu existieren vermögen. Nur durch diese Schranke sind wir „Organismen", besser: „Individuen", die der Abgrenzung gegeneinander und das Weltgetriebe bedürfen. Nur vermöge dieser schützenden Grenze bilden wir einen

„Mikrokosmos", wären wir doch ohne sie schonungslos allen Eindrücken preisgegeben, so daß unser Dasein über ein bloßes unaufhörliches Registrieren von Empfindungen nicht hinauskäme. Das „Bewußtsein" — wenn es überhaupt Sinn hat, hierbei davon zu sprechen — wäre dann ein bloßes Chaos. Daß das Bewußtsein Verbindung bedeutet in dem doppelten Sinne der unmittelbaren Verbindung (Vorstellung) und der mittelbaren (Denken) ist also durch die Existenz der „Schwelle" bedingt, so daß wohl mit Recht oben (S. 52 Z. 4) von einer „zweckmäßigen" Einrichtung der Nervensubstanz gesprochen werden konnte. So ist also negativ die Bildung einer „geistigen Welt" an diese eigentümliche Struktur des Organismus gebunden. Unser Körper enthält eine Anzahl von Aufnahmeapparaten, die zweckmäßig so eingerichtet sind, „als ob" (um mit Kant zu reden) sie der Entwicklung des Denkens und damit der gesamten menschlichen Kultur dienen sollten.

Die relative Ungenauigkeit dieser Apparate aber ist gerade ihr besonderer Vorzug, denn sie hat zur Folge gehabt die Erfindung besserer Apparate, die nahezu exakt sind (Mikroskop, Teleskop, Wage usw.). So ist z. B. meine Schätzung des Gewichtes sehr ungenau, die Wage aber gibt bis auf Zehntausendstel von Grammen an, wieviel etwa dieses Stück Metall wiegt usw.

Man könnte für diese Gedankengänge den folgenden prägnanten Ausdruck wählen: Wir erleben als Individuen nur Fragmente des Alls, denken können wir es aber nichtsdestoweniger in seiner Totalität (als „Welt", d. h. als den einen Naturzusammenhang, dem alles Geschehen angehört) und erkennen können und werden wir es schrittweise, — mehr und mehr bis ins Unendliche. Die „Natur" oder a. a. die „Einheit des Gegenstandes" bleibt unendliche Aufgabe, darum reden wir von der Naturerkenntnis als „Erfahrung", nur daß dieses Wort keine Lösung enthält, sondern bloß das Problem bezeichnet. Die Psychologie auf der andern Seite aber sucht die „Einheit des Bewußtseins", die ebenfalls niemals „gegeben", sondern stets bloß „aufgegeben" ist. Unmittelbar gegeben ist bloß die Tatsache, daß wir Bewußtsein haben, ohne daß wir darum schon wissen, was denn nun dieses Bewußtsein ist. Es gilt, das in jedem Falle aus den Gegenständen wieder zurückzugewinnen, zu „rekonstruieren" (Natorp). Macht die Naturwissenschaft aus der Erscheinung den Gegenstand, so umgekehrt die Psychologie aus dem Gegenstand die Erscheinung. Es entsteht also der Psychologie die Aufgabe, die Bewußtseinselemente aufzuzeigen, aus denen sich die menschliche Kultur aufbaut. Die ganze Welt, so zeigt sie, ist Konstruktion des Bewußtseins, oder, a. a., die Einheit des Bewußtseins ist es, die in der Einheit des Gesetzes die Einheit des Gegenstandes konstituiert.

§ 31. Grenzfragen von Psychologie und Pathologie.

Hier soll nur kurz auf die hauptsächlichen psychologischen Bedingungen pathologischer Zustände hingewiesen werden, da ja diese selbst die Psychologie nicht eigentlich angehen. Zunächst ist da nun möglich, daß das normale Verhältnis zwischen den psychischen Elementen und ihren physiologischen Bedingungen irgendwie gestört ist. Es ist entweder ein Abnehmen oder ein Zunehmen der Erregbarkeit gegenüber den Sinnesreizen vorhanden (Anästhesie bzw. Hyperästhesie). Als Folgen der veränderten Erregbarkeit treten Depressions- und Exaltationszustände auf, die sich in der Art des Verlaufs der Affekte und Willensvorgänge zu erkennen geben. Unter Umständen kann die Steigerung der Empfindung so groß sein, daß infolge derselben die reproduktiven Empfindungselemente die Stärke äußerer Sinneseindrücke erreichen. So hält man reine Erinnerungsbilder für Wahrnehmungen (die sog. „Halluzinationen") oder aber, wenn wirklich erregte und erinnerte Elemente sich miteinander verbinden, so entstehen phantastische Illusionen.

Die Depressions- und Exaltationszustände bilden besonders

charakteristische Symptome allgemeiner psychischer Störungen. Für den Lehrer ist es wichtig zu wissen, daß alle psychischen Abnormitäten oder Allgemeinerkrankungen stets zugleich Symptome von Gehirnerkrankungen und daher immer von physiologischen Veränderungen begleitet sind, deren Natur uns indes noch unbekannt ist.

Die sog. „Geistes"-, besser Gehirnkrankheiten, haben häufig zur Folge, daß das Vermögen der Apperzeption abnimmt, und so werden die Assoziationen gefördert. Das kann soweit gehen, daß diese überwuchern und schließlich allein übrigbleiben. Am Ende sind dann nur noch gewisse vorzugsweise eingeübte Verbindungen vorhanden, die sog. „fixen Ideen", ein Zustand, der endlich in vollständige geistige Paralyse übergeht.

§ 32. Traum und Hypnose.

Traum und Hypnose sind normale Abweichungen des Bewußtseins vom gewöhnlichen Zustand. Die Vorstellungen des Traumes gehen mehr von Sinnesreizen als von Erinnerungsvorstellungen aus. Das Streben tritt bei Schlaf und Traum stark zurück; auch hier sind (wie bei den in § 31 beschriebenen psychischen Zuständen) vorwiegend Assoziationen vorhanden. Verbinden sich die Traumvorstellungen mit Willenshandlungen, so entstehen die Erscheinungen des Schlafwandelns. (Schwächere Erscheinungen: das Sprechen im Traume.)

Bei der Hypnose bietet das Bewußtsein ein zwischen Schlafen und Wachen stehendes Verhalten dar. Die hauptsächliche Entstehungsursache der Hypnose ist die Suggestion, d. h. die Mitteilung einer gefühlsstarken Vorstellung, meist von einer fremden Persönlichkeit (= Fremd-Suggestion) oder auch von dem Hypnotisierten selbst (= Auto-Suggestion). Gleichförmige Sinnesreize (besonders Tastreize) wirken hierbei unterstützend. Der Eintritt der Hypnose ist an eine bestimmte Disposition des Nervensystems gebunden, die durch wiederholtes Hypnotisieren bedeutend gesteigert wird. Das nächste Symptom der Hypnose besteht in einer Hemmung von äußeren Willenshandlungen, verbunden mit einer einseitigen Richtung der Aufmerksamkeit, meist auf die vom Hypnotisator gegebenen Befehle. Bei gesteigertem hypnotischem Zustande hält der Hypnotisierte Vorstellungen, die ihm suggeriert werden, halluzinatorisch für wirkliche Gegenstände.

Schlaf und Hypnose sind verwandte Erscheinungen, die sich hauptsächlich der Entstehung nach unterscheiden; die physiologischen Bedingungen sind wahrscheinlich ähnliche. Über Traum und Hypnose gibt es allerlei phantastische Hypothesen, vor denen es sich zu hüten gilt; alle hierher gehörigen Phänomene sind physiologisch und psychologisch erklärbar, wenn wir auch freilich hier noch ganz im Anfang stehen.

§ 33. Individuum und Gemeinschaft.[1]) — Der Aufbau der Wahrnehmungswelt.

Das individuelle Bewußtsein, von dem bisher durchweg die Rede war, ist im Grunde genommen nur eine Abstraktion. Denn der Mensch steht vom ersten Augenblicke seines Lebens an in Verbindung mit menschlicher Gemeinschaft, und was er ist und wird, läßt sich nur durch diesen Einfluß der Gemeinschaft verstehen. Gemeinschaft bedeutet hier nicht dasselbe wie Gesellschaft; denn in dieser sind die Individuen das erste, die dann zu irgendwelchen zufällig gemeinsamen Zwecken untereinander in Verbindung treten, in der Gemeinschaft dagegen ist die Vereinigung das Erste und das Individuum besteht als solches (z. B. das Familienmitglied) nur durch sie. Individuen und Gemeinschaft sind unlöslich miteinander verbunden; denn einerseits gibt es menschliche Individuen nur in menschlicher Gemeinschaft, andererseits existiert die Gemeinschaft nur im Geiste der Indi-

[1]) Hierher würde ein Paragraph gehören über die psychische Entwicklung des Kindes, worauf an dieser Stelle verzichtet wird, da die Kinderpsychologie in einem besonderen Büchlein zu behandeln sein wird.

viduen. Diese, in den letzten Jahrzehnten besonders von Paul **Natorp** vertretene Auffassung, die man auch so formulieren könnte, daß Erhebung zur Gemeinschaft zugleich Erweiterung des Selbst bedeutet, pflegt man als „Sozialpädagogik" zu bezeichnen, womit also keineswegs eine besondere Aufgabe der Erziehungslehre bezeichnet werden soll, sondern die gesamte, nur unter dem vorwiegenden Gesichtspunkt der Gemeinschaft. Aller echte Bildungsinhalt, alle wahre „Kultur" ist danach Gemeingut, andererseits ist aber nur das wahrhafte Bildung, echter Besitz meines Bewußtseins, was ich mir in selbsteignem Denken, in unablässiger Arbeit an mir selbst angeeignet habe. —

Die Psychologie hat aus dieser Grundauffassung die Konsequenz zu ziehen, daß der ganze Aufbau der Welt des Bewußtseins im Menschen von der frühesten Kindheit an bis zur Reife unter dem Einfluß der Gemeinschaft steht. Das gilt schon für die sinnliche Wahrnehmung. Selbst eine (wie man meint: „einfache") menschliche Wahrnehmung würde sich im Menschen nicht entwickeln abseits menschlicher Gemeinschaft. Schließt doch eine solche Wahrnehmung eine bestimmte Auffassungsweise in sich, die nicht von der Natur schlechthin dargeboten wird, sondern die der Mensch nach seinen eigentümlichen Bedürfnissen und Fähigkeiten zustande gebracht hat. Abgesehen von den physiologischen Dispositionen ist hierbei entscheidend der Komplex von Wahrnehmungen, den die Mitwelt hat und der z. B. in verschiedenen Perioden der Menschheitsentwicklung und bei verschiedenen Völkern ganz verschieden ist. Indem wir uns als Kinder in die Wahrnehmungswelt der Erwachsenen hineinfanden, übernahmen wir (ohne es zu ahnen) ein Kulturgut vieler Jahrtausende! Es ist aber ferner klar, daß entgegen der meist verbreiteten Auffassung die gewöhnliche Wahrnehmung durchaus nichts „Einfaches" ist, sondern ein äußerst komplizierter Prozeß, der die sinnliche Grundlage alles geistigen Lebens bildet. Als Material liegen der „Wahrnehmung" die Empfindungen zugrunde (s. oben § 6), über deren Art und Wesen uns Physik und Physiologie bis zu einer verhältnismäßig großen Genauigkeit Auskunft geben. Diese letzte Bestimmtheit ist aber niemals wirklich gegeben, sondern der wirklich primitive Zustand ist der eines völligen Chaos, in dem es keine „Ordnung" irgendwelcher Art gibt. Die „reine", „völlig einfache" Empfindung ist ein Produkt einer gänzlich künstlichen Analyse. Die Sprache führt uns hier irre, wenn man etwa „grün" als „einfache" oder „reine" Empfindung bezeichnet. Dasjenige „grün" nämlich, das uns tatsächlich im Bewußtsein gegeben ist, enthält bereits 1. eine Mehrheit von Elementen (sonst wüßten wir nach dem Schwellengesetz nichts davon!) und 2. irgendwelche objektive Elemente. So steht es auch, wenn man sagt: wir empfinden anders bei 20° als bei 30° Wärme; denn es ist das de facto bereits eine (nur stark subjektive) verworrene Erkenntnis.

Das Wesen der Wahrnehmung liegt also nicht in dem an sich rätselhaften Empfinden, das eigentlich nur besagt: „Halt, hier ist etwas = x!" — sondern in der Tätigkeit des Bestimmens, der Festlegung des Blicks auf ein bestimmtes Einzelne. So sage ich z. B.: „ich nehme den (einen) Baum wahr", aber auch: „ich nehme das (eine) Blatt wahr" und „ich nehme die (eine) Blattfaser wahr" usw. Was also als das Eine, das Einzelne zu gelten hat, das hängt ganz ab von dem Gesichtspunkte, den ich bei der Betrachtung, der Wahrnehmung wähle, oder, a. a., bei der Wahrnehmung (die nach gemeiner Auffassung Passivität bedeutet) spielt in der Tat die Apperzeption, das Denken eine entscheidende Rolle. Diese sinnliche Tätigkeit vollzieht sich also einerseits in der Gemeinschaft, und zwar so, daß die Umwelt dabei unterstützend mitwirkt, aber andererseits ist nicht zu vergessen, daß jeder Schritt in fast reiner Selbsttätigkeit vom Kinde getan wird. Jeder Mensch baut sich, wie seine sittliche, so auch schon seine sinnliche Welt selbst auf. Aufgabe des Erziehers kann es also nur sein, der Selbsttätigkeit des sich bildenden Geistes zu Hilfe zu kommen und ihr nach Möglichkeit die Hindernisse aus dem Wege zu räumen.

§ 34. Die Sprache.

Was von der sinnlichen Wahrnehmung gilt, gilt erst recht von der Sprache: sie ist eine eigentümliche menschliche und eben damit soziale Schöpfung. Sie ist das zweite, und vielleicht überhaupt das gewaltigste, Mittel zur Gestaltung des menschlichen Bewußtseins. All unser Denken und Handeln ist an sie gebunden und mit ihr verknüpft, was selbst für die Reflexion des einsamen Forschers gilt, dessen Gedankenwelt ja auch ein Sich-mit-sich-selbst-verständigen, also eine innere Sprache ist.

Schon der geringste Verkehr des Kindes mit seiner Umgebung führt zu mannigfacher gegenseitiger Verständigung, ohne daß diese zunächst des Wortes bedarf. Muß das Kind doch bei unserem Sprechen zum mindesten die Absicht der Mitteilung verstehen. Indem Worte und Gegenstände regelmäßig miteinander verknüpft erscheinen, etwa auch die Aufmerksamkeit noch besonders darauf hingelenkt wird, z. B. durch Zeigen des betr. Dinges, verbindet sich der bestimmte Wortschall zunächst fast wie ein eigenes Merkmal mit den übrigen Merkmalen des Gegenstandes. Aber das Wort, so zeigt sich, haftet ja nicht am Einzelgegenstand, und so wird es allmählich begriffen als bloßer Hinweis auf den Gegenstand, vor allem aber als gewollte, an das Kind gerichtete Äußerung, d. h. als Mitteilung. Das Sprechenlernen ist demnach weit entfernt von einem bloß mechanischen Nachahmen. Freilich sollen damit die Nachahmungsbewegungen keineswegs bestritten werden; sie treten hauptsächlich auf als Schallnachahmungen doppelter Art; denn 1. ahmt das Kind den Erwachsenen nach, 2. ahmt der Erwachsene das Kind nach, und zwar ist zeitlich dies letztere das erste (ma—ma!). Hierbei dient als wichtiges Hilfsmittel die Gebärde [a) hinweisende, b) darstellende Gebärden], für die das Kind ein natürliches Verständnis hat. Indem solche Zeichen aneinandergefügt werden, entsteht eine Art von Satzbildung, wodurch Wünsche und Fragen ausgedrückt, Dinge beschrieben werden usw. Die Gebärdensprache beschränkt sich indessen auf die Mitteilung des Konkreten; an Zeichen für abstrakte Begriffe fehlt es gänzlich.

Die ursprüngliche Entwicklung der Lautsprache ist nun nach Analogie der Gebärdensprache zu denken, nur daß hier zu den hinweisenden und darstellenden die Lautgebärden hinzukommen, die den Vorzug haben, leichter wahrnehmbar und reicherer Modifikationen fähig zu sein. Die Lautgebärden werden zunächst wahrscheinlich stets durch begleitende mimische und pantomimische Bewegungen unterstützt, die beim Naturmenschen, aber auch beim Kinde, eine große Rolle spielen. Psychologisch liegen bei der Lautsprache zwei Akte vor, nämlich 1. Ausdrucksbewegungen in der Form triebartiger Willenshandlungen und 2. Assoziationen zwischen Laut und Vorstellung, die sich allmählich befestigen und sich nach und nach über immer größere Kreise der menschlichen Gemeinschaft verbreiten..

In die Entstehung und Entwicklung der Sprache greifen noch zwei wichtige Faktoren ein: Lautwandel und Bedeutungswandel. Der Lautwandel hat seine physiologische Ursache in den allmählich in der physischen Veranlagung der Sprachorgane eintretenden Änderungen. Diese entspringen teils aus den Veränderungen der Organisation, teils aus den besonderen Bedingungen, die sich aus der Übung als solcher ergeben. Dazu kommt noch — was hier nur angedeutet werden kann — die Wirksamkeit der Analogiebildungen, wobei es sich um Assoziationen von Sprachvorstellungen handelt, die irgendwie, sei es bloß durch den Laut oder zugleich durch Beziehungen der Bedeutung, miteinander verwandt sind. Wie der Lautwandel das äußere Gerüste, so verändert der Bedeutungswandel den inneren Gehalt der Wörter. Laut- und Bedeutungswandel wirken in dem Sinne zusammen, daß sie die ursprünglich vorauszusetzende Beziehung zwischen Laut und Bedeutung immer mehr schwinden lassen, so daß das Wort schließlich (s. oben S. 59 Z. 19) nur noch als ein äußeres Zeichen der Vorstellung aufgefaßt wird. Die onomatopoëtischen Wortbildungen sind auch bloß sekundäre Versuche der Angleichung von Laut und Bedeutung. Eine weitere Folge des Zusammenwirkens von Laut- und Bedeutungswandel besteht darin, daß zahlreiche Wörter allmählich ihre ursprüngliche konkret-sinnliche Bedeutung ganz verlieren und in Zeichen für allgemeine Begriffe und rein Gedachtes übergehen. So entwickelt sich das „abstrakte" Denken, wobei zu bedenken ist, daß es sich bei der Unterscheidung von „konkret" und „abstrakt" nicht um eine absolute Verschiedenheit, sondern um einen Richtungsgegensatz handelt [1]).

§ 35. Sprechen und Denken.

Die wichtigste Hilfe der Sprache für die Ausbildung des Denkens liegt darin, daß der ja stets allgemeine Gebrauch des Worts darauf hinführt, nicht bloß ein besonderes sinnliches Bild in der Vorstellung zu haben, sondern auf das Gemeinsame in dem Gleichbenannten zu achten, besonders sofern dies nicht in den sinnlichen Merkmalen, sondern in dem konstruktiven Aufbau des Gegenstandes liegt. So führt z. B. der Gebrauch eines bestimmten Wortes wie Dreieck auf den betreffenden Begriff, obwohl dieser selbst ja niemals sinnlich dargestellt, sondern nur definiert d. h. nach seinen identischen Merkmalen erklärt werden kann. Das Wort — und die damit verbundene Vorstellung — gibt also nicht den Begriff, sondern ist nur die Veranlassung dafür, daß das Denken eine bestimmte Richtung einschlägt. Es ist also das Wort nur die Krücke des Gedankens.

Der Weg der Bildung geht also vom Sinnlichen zum Geistigen, in dem Sinne, daß sich dieses aus jenem entwickelt, aber nicht durch es. Alle Erkenntnis, so drückt Kant diesen Gedanken aus, fängt mit der Erfahrung an, aber sie entspringt darum nicht der Erfahrung. „Nichts ist im Verstande, was nicht vorher in den Sinnen war" — dieser bekannte Satz stellt also eine Halbwahrheit

[1]) Vgl. hierzu meinen Aufsatz: Über die Behandlung der Logik im Oberlyceum. „Das Lyceum" hsg. von Th. Lenschau, Heft 2.

bar; denn wenn er nur besagen soll, daß alle Erkenntnis, alles Denken von der sinnlichen Wahrnehmung veranlaßt ist, so ist er richtig, aber darum ist doch diese — mit Plato zu sprechen — nur das Weckmittel [1]), und das Denken muß seine Arbeit dann doch selbst tun. A. a. das Denken ist auf die Sinnlichkeit als sein Material angewiesen, leistet aber als Form etwas Neues.

Der Weg vom Sinnlichen zum Geistigen, vom Unbestimmten (= x) zur Bestimmung (= a) läßt sich beschreiben als der von der Wahrnehmung zur Anschauung, von der Anschauung zum Begriff. „Anschauen" wird also hier von „Wahrnehmen" geschieden, wenngleich tatsächlich stets beides miteinander „gegeben" ist. Denn in der Wahrnehmung liegt ein Faktor, der selbst als formaler zu bezeichnen ist, es handelt sich hierbei, wie Pestalozzi bereits richtig erkannt hat, um die Formelemente von Zahl, Form und Sprache. „Jede Linie, jedes Maß, jedes Wort ist ein Resultat unseres Verstandes . . . auch ist aller Unterricht in seinem Wesen nichts anderes als progressive Verdeutlichung unserer Begriffe [2])." Pestalozzi ist sich darüber klar, daß rein erkennbar nur die reinen Elemente der Gesetzlichkeit sind, auf welcher der Prozeß der Erkenntnis überhaupt beruht. Aus diesem ABC nicht nur die „Anschauung", sondern alle sichere Erkenntnis aufzubauen, muß in der Tat das Ziel alles Verstandesunterrichts sein. „Anschauen" ist also Tätigkeit des Bewußtseins; so gewinnt man die Zahl-Anschauung und den Zahlbegriff in der Ausübung des Zählverfahrens, den Begriff der Linie, indem man sie (wirklich oder „in Gedanken") zieht, das heißt, sie nach einer bestimmten Regel sich erzeugen läßt und so dieser Regel selbst in ihrer Befolgung sich klar bewußt wird. Hierbei leistet die einfache Wahrnehmung wichtige Vorarbeit, liegen doch im Grunde in ihr schon die Elemente der Zahlen und geometrischen Gestalten. So lernt das Kind lange bevor es arithmetische und geometrische „Begriffe" hat, seinen Baukasten richtig einräumen, nicht durch äußere Abrichtung,

[1]) Staat. Buch VII 523 f.

[2]) Wie Gertrud ihre Kinder lehrt, 6. Abschnitt.

sondern in eigenem, angestrengtem Bemühen. Es ist die Aufgabe des Unterrichts, diese tatsächlich erfolgenden Einzelschritte, dieses „Konstruieren" immer klarer zum Bewußtsein zu bringen. (Siehe auch oben Seite 58.)

Weit verwickelter als bei der räumlich-zeitlichen Ordnung liegen die konstruktiven Elemente des Vorstellens in den Formbestandteilen der Sprache. Vor allem drückt die Sprache weit mehr aus als bloß Logisches, dient sie doch nicht minder dem Ausdruck ethischer und ästhetischer Beziehungen. Die Sprache wird die ihr eigentümliche bildende Wirkung vorzüglich da entfalten, wo sie aufs innigste sich dem wirklichen Vorstellungsverlauf anschmiegt, in dem eine Ablösung des Logischen nicht stattfindet und stattfinden soll. Die drei Grundelemente der Bildung, das logische, ethische und ästhetische, sind in ihr so unlöslich miteinander verknüpft, daß man mit Recht betont hat, daß das Studium der Sprache weit mehr psychologisches als logisches oder ethisches oder ästhetisches Verständnis fördert. Sie enthält Elemente aller drei Gebiete in größtem Reichtum und in einer unmittelbar dem Leben des Geistes entnommenen Form wie kein andres Lernfach; sie ist daher unerschöpflich an Problemen in jeder dieser Richtungen und noch besonders in der Vereinigung ihrer aller.

Literatur-Nachweis.

Wilhelm Wundt, Grundriß der Psychologie. 11. Aufl. 1913.

Ders., Grundriß der physiologischen Psychologie. 6. Aufl. in 3 Bänden (1908—1912).

Ders., Einführung in die Psychologie. 1911.

H. Ebbinghaus, Abriß der Psychologie. 5. Aufl. 1914.

H. Münsterberg, Grundzüge der Psychologie. 1. Band. 1900.

W. James, The Principles of Psychology. 2 vols. 1890.

Ders., Psychology. Briefer course, auch deutsch (übersetzt von M. Dürr).

P. Natorp, Allgemeine Psychologie in Leitsätzen zu akademischen Vorlesungen 1904.

Ders., Einleitung in die Psychologie nach kritischer Methode. 1888.

Ders., Allgemeine Psychologie nach kritischer Methode. 1912.

Ders., Sozialpädagogik. 2. Auflage. 1904.

Th. Elsenhans, Lehrbuch der Psychologie. 1912. Dieses „Lehrbuch", sowie der Wundtsche Grundriß enthalten wertvolle und zahlreiche Literaturangaben, worauf hier verwiesen werden muß, da bei der Fülle der Abhandlungen usw. nicht alles Einzelne verzeichnet werden kann.

Kolibri 360 GmbH
Ferdinand-Jühlke-Straße 7
99095 Erfurt, Deutschland
produktsicherheit@kolibri360.de